मैं बच गयी माँ

मैं बच गयी माँ

ज़ेहरा निगाह

प्रस्तावना एवं संकलन

रख़्शंदा जलील

वाणी प्रकाशन

प्रकाशन के उत्कृष्टतम 61 वर्ष

पेपरबैक पहला संस्करण : 2021
पेपरबैक दूसरा संस्करण : 2024

vaniprakashan.com

वाणी प्रकाशन

4695, 21-ए, दरियागंज, नयी दिल्ली-110 002
फ़ोन : + 91 11 23273167, 23275710

शाखाएँ

अशोक राजपथ, पटना-800 004, बिहार
कॉफ़ी हाउस कैम्पस, महात्मा गांधी मार्ग, प्रयागराज-211 001, उत्तर प्रदेश
महात्मा गांधी अन्तरराष्ट्रीय हिन्दी विश्वविद्यालय, वर्धा-442 001, महाराष्ट्र

sales@vaniprakashan.in
vaniprakashan@gmail.com

Main Bach Gai Maan
by Zehra Nigah
Foreword & Compiled by Rakhshanda Jalil
Transliteration by Pradeep Sahil

ISBN : 978-93-90678-69-3
Nazm/Ghazal

मूल्य : ₹ 299

एम.पी. प्रिंटर्स, नोएडा में मुद्रित

वाणी प्रकाशन का लोगो मक़बूल फ़िदा हुसेन की कूची से

पेश लफ़्ज़

ज़ेहरा निगाह का जन्म हैदराबाद, भारत में 1936 में हुआ था और 1947 में उनका परिवार कराची, पाकिस्तान में बस गया। कम उम्र से ही वे मुशायरों में अपनी नज़्में और ग़ज़लें पढ़ने लगी थीं। उस ज़माने में यह एक असामान्य बात थी। हालाँकि उनकी शायरी में एक स्त्री-सुलभ नज़ाकत होती थी लेकिन उनके विचारों में एक दृढ़ स्त्री पक्षधरता भी थी, और अपने छह दशकों की शायरी में उन्होंने जेंडर को अपनी शायरी के विषयों का चुनाव करने की इजाज़त कभी नहीं दी। मुशायरों की पुरुष–प्रधानता वाली दुनिया में अपनी संजीदा शख़्सियत और मौज़ूँ शायरी की वजह से वे एक लोकप्रिय हस्ती के तौर पर जानी जाती हैं।

भारत में भी उनका नाम बड़ी मुहब्बत और अदब के साथ लिया जाता है, और मुशायरों में जिन गिने-चुने शायरों का बड़ी बेसब्री से इन्तज़ार होता है, उनमें एक नाम उनका भी है। श्रीराम परिवार के सौजन्य से पिछले सत्तर सालों से आयोजित होने वाले सालाना भारत-पाक मुशायरे में उनकी ख़ास शिरकत का इन्तज़ार हर किसी को रहता है। उनकी शायरी में एक औरत होने के साथ-साथ एक शायरा होने के तमाम दबावों और समझौतों की झलक साफ़ देखी जा सकती है। लेकिन इसके अलावा उनकी शायरी एक चिन्तनशील इन्सान का भी बयान है जिस पर अपने आसपास की दुनिया में घटने वाली घटनाओं का

गहरा असर पड़ा है। अपने परिवार और दोस्तों के दरमियान वे अपनी बातचीत के दिलचस्प लहजे की वजह से बेहद चहेती हैं। अपने इसी हुनर की बदौलत उनका नाम एक बेहतरीन क़िस्सागो के तौर पर भी लिया जाता है। उनकी बातचीत का लहजा भी उतना ही क़िस्सों और मुहावरों से लबरेज़ जितनी कि उनकी शायरी की ज़ुबान। ये सारी ख़ूबियाँ मिलकर उनकी शायरी में एक ख़ास कैफ़ियत पैदा करती हैं।

उनका दिल्ली आना-जाना अक्सर लगा रहता है। एक बार बातचीत करते हुए उन्होंने मुझे एक मुद्दे की तरफ़ इशारा करते हुए बड़े रोचक अन्दाज़ में बताया कि बहुत-से नामी-गिरामी शायरों के मजमूआ-ए-कलाम में भी कई ग़ैरज़रूरी शेर बेवजह दिखती हैं। इन ग़ैरज़रूरी चीज़ों के लिए उन्होंने 'पैडिंग और फ्लफिंग' जैसे मज़ाक़िया लफ़्ज़ों का इस्तेमाल किया था। उनकी बात का मतलब उन 'भरती के अंश'आर' से था जिनसे ज़ाहिर होता है कि शायर ने ख़ुद की एडिटिंग में (editing) काहिली बरती। मीर रहे हों या फ़िराक़ का दीवान या मजमूआ हो, हुनर के नाम पर सभी मशहूर शायरों ने अपनी शायरी की कमियों को ढँकने की ऐसी कोशिशें की हैं। उनका कहना था कि ऐसे शायर बहुत कम हैं जिन्होंने अपने संकलन को प्रकाशित करते वक़्त आत्म-नियन्त्रण और निष्ठुर पुनःसम्पादन के काम को पूरी तटस्थता के साथ निबाहा हो। उनकी नज़र में फ़ैज़ ऐसे ही एक शायर थे। मेरे देखे, ज़ेहरा आपा भी ऐसी ही शायरा हैं। अभी तक उनकी सिर्फ़ चार पतली किताबें प्रकाशित हुई हैं—'शाम का पहला तारा', 'वरक़', 'फ़िराक़' और अभी हाल-फ़िलहाल, 'गुल चाँदनी'। और, उनमें से किसी भी संकलन में हमें एक भी 'भरती के शेर' नहीं मिलते हैं। बेशक वे पतले हैं, लेकिन उन चारों में एक से बढ़ कर एक ख़ूबसूरत हीरे-मोती हैं। इस संकलन के लिए उन हीरे-मोतियों में से कुछेक को चुनना मेरे लिए काफ़ी मशक़्क़त का काम था।

शफ़्फ़ाफ़[1] सूती साड़ियों को बड़ी नफ़ासत[2] के साथ पहने ज़ेहरा आपा कभी कोई ज़ेवर नहीं पहनतीं। उनके चेहरे पर कभी-कभार नज़र आने वाली उनकी ज़हीन[3] मुस्कुराहट ही उनका इकलौता ज़ेवर है। वे ख़ुशमिज़ाज हैं और बेहद सहज दिखती हैं। लेकिन उनकी इस ख़ुशमिज़ाजी और सहजता के पीछे भी वही समझौते हैं जो दुनिया की दूसरी औरतों की तरह उनको भी करने पड़े थे। इसकी झलक उनकी नज़्म 'समझौता' में साफ़ देखी जा सकती है। उसका यहाँ ज़िक्र करना मुनासिब होगा क्योंकि वे ख़ुद इस नज़्म को बार-बार पढ़ती हैं और उनके मुरीद भी इसको अक्सर कोट करते रहते हैं।

मुलायम गर्म समझौते की चादर
ये चादर मैंने बरसों में बुनी है
कहीं भी सच के गुल–बूटे नहीं हैं
किसी भी झूट का टाँका नहीं है

इसी से मैं भी तन ढँक लूँगी अपना
इसी से तुम भी आसूदा[4] रहोगे!
न ख़ुश होगे न पज़मुर्दा[5] रहोगे

इसी को तान कर बन जायेगा घर
बिछा लेंगे तो खिल उट्ठेगा आँगन
उठा लेंगे तो गिर जायेगी चिलमन

क्या इसे एक नारीवादी शायरा की नारी-सुलभ शायरी कहेंगे? उनका एक इंटरव्यू लेने के दौरान मैंने उनसे यह सवाल किया था। जवाब में उन्होंने कहा कि अपनी पसन्द-नापसन्द और विषयों के मुतालिक़ वे ख़ुद को किसी ख़ास खाँचे में रखे जाने के ख़िलाफ़ हैं। हालाँकि वे अपने इर्दगिर्द की दुनिया को एक औरत के नज़रिए से ही देखती हैं लेकिन उनकी शायरी में व्यक्त चिन्ताएँ सिर्फ़ एक औरत की चिन्ताएँ नहीं हैं।

उनकी ज़ुबान एक औरत की ज़ुबान हो सकती है, उनकी कल्पनाशीलता और मुहावरे भी औरतों से हो सकते हैं। लेकिन इनका इस्तेमाल वे समाज और राजनीति पर कटाक्ष करने के इरादे से करती हैं। अपनी शायरी में उन्होंने आपसी भाईचारे में बढ़ती उस कड़वाहट की तरफ़ इशारा किया है जिसका नतीजा बांग्लादेश जैसे टूट कर अलग हुए मुल्क के तौर पर सामने आया। दूसरी तरफ़ अफ़ग़ानिस्तान के तकलीफ़देह हालात से भी वे दुखी दिखती हैं, और हालिया दिनों में अमरीकी फ़ौज के रिमोट संचालित ड्रोन द्वारा किये गये सर्जिकल स्ट्राइक से ग़मज़दा होकर उन्होंने 'भेजो नबी जी रहमतें' और 'क़िस्सा गुल बादशाह' जैसी सियासी नज़्में भी लिखीं। उन्होंने जनरल ज़िया की दमनकारी हुकूमत के लाये गये हुदूद अध्यादेश के ख़िलाफ़ भी लिखा और मुहब्बत, दोस्ती और रोज़मर्रे की छोटी-छोटी तकलीफ़ों और ख़ुशियों पर भी नज़्में लिखीं। अभी हाल ही में उन्होंने कन्या भ्रूणहत्या पर अपनी मशहूर नज़्म 'मैं बच गयी माँ' लिखी है, जो जन्म लेने से पहले कोख में ही मार दिये गये कन्या भ्रूण के आँकड़ों की औरतों पर की गयी इस ज़्यादती की तसदीक़ करती है :

तिरे कच्चे लहू की मेहँदी
मिरे पोर पोर में रच गयी माँ
गर मेरे नक़्श उभर आते
वो फिर भी लहू से भर जाते
मिरी आँखें रौशन हो जातीं तो
तेज़ाब का सुर्मा लग जाता
सटे–वट्टे में बँट जाती
बे–कारी में काम आ जाती
हर ख़्वाब अधूरा रह जाता
मिरा क़द जो थोड़ा–सा बढ़ता

मिरे बाप का क़द छोटा पड़ता
मिरी चुनरी सर से ढलक जाती
मिरे भाई की पगड़ी गिर जाती
तिरी लोरी सुनने से पहले
अपनी नींद में सो गयी माँ
अनजान नगर से आयी थी
अनजान नगर में खो गयी माँ
मैं बच गयी माँ

जब मैंने उनसे जानना चाहा कि कल्पनाओं पर आधारित अपनी शायरी को वे लफ़्ज़ों का पैरहन कैसे देती हैं तब उन्होंने बताया कि आसपास की कोई भी चीज़ उन्हें 'लिखने के लिए उकसा' सकती है। मिसाल के तौर पर 'भेजो नबी जी रहमतें' औरतों के ख़िलाफ़ मर्दों के यौन अपराधों, ख़ासतौर पर जंग के दौरान किये जाने वाले अपराधों का जीवन्त दस्तावेज़ है। घर-परिवारों में होने वाली यौन हिंसा की दृष्टि से यह नज़्म आज भी प्रासंगिक है, जैसे नज़्म में एक औरत को अपने पालतू तोते को पैग़म्बर की इनायत के लिए दुआ पढ़ना सिखाना, तवे पर रखी चपाती का जलना या झूले में किलकारी भरते नवजात बच्चे जैसे मेटाफ़र उनके इसी प्रयोजन को स्पष्ट करने के लिए इस्तेमाल हुए हैं। पश्चिमी पाकिस्तान की फ़ौज द्वारा अनगिनत औरतों के बलात्कार पर अख़बार की हौलनाक सुर्ख़ियों ने इस नज़्म को लिखने के लिए प्रेरित किया। नज़्म जिस लहजे में लिखी गयी है वह मद्धम-मद्धम सुलगती हुई एक सौम्यता की ज़ुबान है, लेकिन इल्ज़ाम लगाने वाली शोर भरी आवाज़ से वह कहीं ज़्यादा ताक़तवर है। हालाँकि यहाँ किसी वास्तविक राजनीतिक सन्दर्भ का कोई सीधा ज़िक्र नहीं मिलता लेकिन नज़्म राजनीति की आड़ लेकर औरतों पर ढाये गये ज़ुल्म-ओ-सितम की मुख़ालफ़त करती है। इसके अन्तर्पाठ तक पहुँचने की ज़िम्मेदारी पढ़ने वालों

पर छोड़ दी गयी है। ठीक उसी तरह, अफ़ग़ानिस्तान में बिछाई गयी बारूदी सुरंगों पर एक टीवी रिपोर्ट का हासिल 'क़िस्सा गुल बादशाह' नज़्म में मिलता है जिसे गीत की तर्ज़ पर लिखा गया है। यह नज़्म उस फ़ौजी बच्चे की दास्तान को बयाँ करती है जो एक ऐसी जंग में मुब्तिला है जिसे उसके पुरखे भी ख़त्म नहीं कर पाये, एक ऐसी जंग जिसने हज़ारों कमउम्र बच्चों की या तो जान ले ली या फिर उन्हें ताज़िन्दगी अपाहिज बना डाला। वे इतनी छोटी उम्र के फ़ौजी हैं कि उन्हें उस जंग का मक़सद भी नहीं पता है जिसे वे लड़ रहे हैं, और जिसकी वजह से उनको हथियार उठाने की ज़रूरत पड़ी :

मैं दहकते पहाड़ों में तन्हा
अपने तर्के की बन्दूक़ थामे खड़ा हूँ
तमाशा–ए–अहल–ए–करम देखता हूँ

अदब की दुनिया में ज़ेहरा निगाह एक नौजवान आवाज़ के तौर पर 1950 के दशक की शुरुआत में उभरीं और तब से लगातार मुशायरे की दुनिया में उनका वक़ार क़ायम रहा है। उनकी शायरी को चाहने वालों की तादाद कभी कम नहीं हुई। पचास और साठ के दशक में जब वे अपनी जगह बना रही थीं तो शायरी की दुनिया में औरतों की मौजूदगी एक दुर्लभ बात थी। इज़्ज़तदार घरों की औरतों से अपनी शायरी पेश करने के लिए मंचों पर आने की उम्मीद नहीं की जाती थी क्योंकि मंचों को अमूमन ऐन्द्रिक अभिव्यक्ति का माध्यम माना जाता था। इसलिए, वे अपने भीतर की औरत को लज्जा के एक आवरण से ढँके रहती थीं। अपना कलाम पढ़ते हुए उनकी नज़रें हमेशा झुकी रहती थीं, और मंचों से उतरते ही वे घर-गृहस्थी की अपनी महफ़ूज़ दुनिया में लौट जाती थीं। लेकिन उनके लफ़्ज़ों की अद्‌भुत भावात्मकता, उनके मुहावरों की जादुई सादगी, उसके अन्तर्निहित बारीक चुटीलेपन ने उनको बतौर एक संजीदा शायरा

स्थापित कर दिया और उनको ख़ासतौर पर सुनने वालों का एक अलग तबक़ा तैयार हो गया। उनके तरन्नुम के अनोखे सुख की तो बात ही निराली थी। आज भी मुशायरों में जब वे अपना कलाम सुनाने के लिए खड़ी होती हैं तो श्रोताओं में एक ख़ामोशी का माहौल बन जाता है।

आम जनता और अदब के हलक़ों – दोनों में एक बराबरी से सराहे जाने के बावजूद वे अपेक्षाकृत बहुत कम छपी हैं। वे कहती हैं कि ज़्यादा लिखने की हवस उनके भीतर कभी नहीं रही। जब कहने को कोई बात न हो तो फिर लिखने की क्या ज़रूरत है! लेकिन उनकी क़लम से निकला एक-एक हर्फ़, उनका बोला हुआ एक-एक लफ़्ज़ उनकी वैचारिक प्रतिबद्धता और बौद्धिकता की बानगी पेश करने के लिए काफ़ी है। इस बाबत वे ख़ुद लिखती हैं :

'ज़ेहरा' ने बहुत दिनों से कुछ भी नहीं लिक्खा है
हालाँकि दर-ई-अस्ना क्या कुछ नहीं देखा है
पर लिक्खे तो क्या लिक्खे? और सोचे तो क्या सोचे?
कुछ फ़िक्र भी मुबहम है कुछ हाथ लरज़ता है

मुहावरेदार उर्दू पर अपने विलक्षण नियन्त्रण और वाक्यविन्यास के वैशिष्ट्य (जो दिखने में आसान होकर भी वाक्य रचना की दृष्टि से ख़ासा पेचीदा है) के कारण उनकी शायरी में एक पुरानी शैली की गुलकारी नज़र आती है। मसलन :

रुक जा हुजूम-ए-गुल कि अभी हौसला नहीं
दिल से ख़याल-ए-तंगी-ए-दामाँ गया नहीं

बाक़ी जगहों पर उनकी ग़ज़लों में एक नज़्म-नुमा तर्ज़े-बयानी दिखाई पड़ती है, जैसे कि :

एक घर की ख़िदमत की और एक के दिल से मोहब्बत की
दोनों फ़र्ज़ निभा कर उसने सारी उम्र इबादत की

अपने शुरुआती दिनों में ज़ेहरा आपा ने मुशायरों में ग़ज़लें सुना कर ख़ुद को बतौर शायरा स्थापित किया, लेकिन वक़्त गुज़रने के साथ जैसे-जैसे वे मक़बूल होती गयीं वैसे-वैसे वे अपनी नज़्मों और उनको पढ़ने के अपने ख़ास लहजे की वजह से पहचानी जाने लगीं।

अहमद नदीम क़ासमी जैसे नामवर शायर ने ज़ेहरा आपा के पढ़ने के इस ख़ास लहजे पर ग़ौर किया। उनके संकलन 'वरक़' का पूर्वकथन लिखते हुए क़ासमी साहिब ने उनकी शायराना आवाज़ के धीमेपन की तरफ़ ख़ासतौर पर इशारा किया और कहा कि बात कहने में अपनी शायरी की ज़ुबान को तराश कर उन्होंने जिस तरह उसे गुफ़्तगू का सलीक़ा दिया है वह क़ाबिलेग़ौर है :

> "अहल-ए-नज़र ने ज़ेहरा निगाह की इब्तिदाइ शाइरी ही से अन्दाज़ा लगा लिया था कि उनके फ़न में इमकानात की दुनियाएँ आबाद हैं, फिर भी वे धीमी और सहज रफ़्तार से इर्तिक़ा की शाहराह पर गामज़न रही हैं और फ़ानी तरफ़ा के उस मुक़ाम पर पहुँचीं जो आज उनकी शिनाख़्त बन चुका है कि वे बड़े–बड़े गम्भीर मौज़ुआत से भी इतनी सहूलत से निपटतीं जैसे बिल्कुल सामने की बात कर रही हों। जो लोग ज़ेहरा से मुतअरिफ़ हैं वो उनकी आवाज़ के बज़ाहिर धीमेपन और उनकी शाइस्तगी के बावजूद ये देख कर हैरतज़दा रह जाते हैं कि उन्होंने एक मुहीब सूरत-ए-हाल को ऐसे तीख़े उस्लूब से वाज़ेह किया है और ऐसी बलीग़ रम्ज़ से काम लिया है कि उनके कलाम का क़ारी या सामा अपनी बातों में दुख की तेज़ लहरें उतरती महसूस करता है। रिश्तों, राब्तों और रफ़ाक़तों का भरपूर एहतिराम करने वाली ज़ेहरा उनकी शिकस्त वा

रीख़्त, उनके इन्तिशार और उनके ज़वाल की तज़किरे में बज़ाहिर टूट-फूट रही होती है मगर मायूसियों के तेज़ झोंके उनकी उम्मीद के चिराग़ों की लौ बुझाते नहीं बल्कि तारीकी के बातन से तुलू-ए-सहर का काम लेती हैं। ज़ेहरा का नया मजमूआ "वरक़" उर्दू शाइरी की तारीख़ में मुत-अत-दीद जिहात से एक निहायत मोतबर हवाला साबित होगा।"

शायरी जिससे ज़ेहरा आपा की पहचान है, के अलावा उन्होंने टीवी ड्रामा सीरियलों और फ़िल्मों के लिए पटकथाएँ भी लिखी हैं। उनके दो सगे भाई और बहन भी टेलीविज़न उद्योग से जुड़े रहे हैं। उनकी बड़ी बहन फ़ातिमा सुरैय्या बजिया एक मशहूर पटकथा लेखिका थीं और उनके भाई अनवर मक़सूद एक जाने-माने लेखक, व्यंग्यकार और टेलीविज़न होस्ट हैं। फ़िलहाल वे अपना वक़्त कराची के अपने घर में बिताती हैं जो किताबों और पेंटिंग्स से भरा हुआ है, या फिर वे विदेशों में बसे अपने दो बेटों और दूसरे रिश्तेदारों के साथ वक़्त गुज़ारने के लिए सफ़र करती रहती हैं। बहरहाल वे अपने घर पर रहें या दुनिया के किसी भी शहर में, किताबें और पढ़ना उनकी ज़िन्दगी की बड़ी ज़रूरतें हैं। जैसा कि अपनी नज़्म 'विर्सा' में वे लिखती हैं :

पीछे मुड़ कर देख रही हूँ
क्या-क्या कुछ विर्सा में मिला था
और क्या कुछ मैं छोड़ रही हूँ

नयी दिल्ली

–डॉ. रख़्शंदा जलील

---

1. उज्जवल, 2. शालीनता, 3. परिपक्व, 4. सन्तुष्ट, 5. उदास।

अनुक्रम

नज़्में

ग़ज़लें

नज़्में

समझौता

मुलायम गर्म समझौते की चादर
ये चादर मैंने बरसों में बुनी है
कहीं भी सच के गुल-बूटे नहीं हैं
किसी भी झूट का टाँका नहीं है

इसी से मैं भी तन ढँक लूँगी अपना
इसी से तुम भी आसूदा[1] रहोगे!
न ख़ुश होगे न पज़मुर्दा[2] रहोगे

इसी को तान कर बन जायेगा घर
बिछा लेंगे तो खिल उट्ठेगा आँगन
उठा लेंगे तो गिर जायेगी चिलमन

---

1. सन्तुष्ट, 2. उदास।

शाम का पहला तारा-1

जब झोंका तेज़ हवाओं का
कुछ सोच के धीमे गुज़रा था
जब तपते सूरज का चेहरा
ऊदी[1] चादर में लिपटा था
जब सूखी मिट्टी का सीना
साँसों की नमी से जागा था
हम लोग उस शाम इकट्ठे थे
जिस ने हमें हँस कर देखा था
वो पहला दोस्त हमारा था
वो शाम का पहला तारा था
जो शायद हम दोनों के लिए
कुछ वक़्त से पहले निकला था
जब झिलमिल करता वो कमरा
सिगरट के धुएँ से धुँदला था
जब नश्शा-ए-मय[2] की तल्ख़ी[3] से!
हर शख़्स का लहजा मीठा था
हर फ़िक्र[4] की अपनी मंज़िल थी
हर सोच का अपना रस्ता था
हम लोग उस रात इकट्ठे थे
उस रात भी क्या हंगामा था
मैं महव-ए-मुदारात-ए-आलम[5]

और तुम को ज़ौक़-ए-तमाशा[6] था
मौज़ू-ए-सुख़न[7] जिस पर हम ने
राय दी थी और सोचा था
दुनिया की बदलती हालत थी
कुछ आब-ओ-हवा का क़िस्सा था
जब सब लोगों की आँखों में
कमरे का धुआँ भर आया था
तब मैंने खिड़की खोली थी!
तुम ने पर्दा सरकाया था
जिसने हमें दुख से देखा था
वो पहला दोस्त हमारा था
वो शाम का पहला तारा था
जो शायद हम दोनों के लिए
उस रात सहर[8] तक जागा था

वो शाम का पहला तारा था

---

1. बादलों की, 2. शराब का नशा, 3. कड़वाहट, 4. चिन्तन, 5. ख़ातिरदारी में व्यस्त, 6. तमाशा देखने का चाव, 7. बातचीत का विषय, 8. सुबह।

वो किताब

मिरी ज़िन्दगी की लिखी हुई
मिरे ताक़-ए-दिल पे सजी हुई
वो किताब अब भी है मुन्तज़िर[1]
जिसे मैं कभी नहीं पढ़ सकी
वो तमाम बाब[2] सभी वरक़[3]
हैं अभी तलक भी जुड़े हुए
मिरा अहद-ए-दीद[4] भी आज तक
उन्हें वो जुदाई न दे सका
जो हर इक किताब की रूह है
मुझे ख़ौफ़ है कि किताब में
मिरे रोज़-ओ-शब[5] की अज़िय्यतें[6]
वो नदामतें[7] वो मलामतें[8]
किसी हाशिए[9] पे रक़म[10] न हों
मैं फ़रेब-ख़ुर्दा-ए-बरतरी[11]
मैं असीर-ए-हल्क़ा-ए-बुज़-दिली[12]
वो किताब कैसे पढ़ूँगी मैं?

---

1. प्रतीक्षारत, 2. अध्याय, चैप्टर, 3. पेज, पृष्ठ, 4. देखने (अध्ययन) का वादा, 5. दिन–रात, 6. कष्ट, यातनाएँ, 7. शर्मिन्दगी, 8. पछतावे, 9. निचला हिस्सा, 10. अंकित, लिखित, 11. बड़प्पन के पतन का भ्रम, 12. कायरता के घेरे में क़ैद।

मशवरा

मुझे ये डर है किसी आफ़ताब[1] की गर्मी
तिरी नज़र के हज़ार आईनों को तोड़ न दे
मुझे ये वहम किसी माहताब[2] की ठण्डक
लहू से गर्मी-ए-फ़िक्र-ओ-अमल[3] निचोड़ न ले

तू अपनी ज़ात[4] से ख़ुद चश्मा-ए-अदा-ओ-सदा
तुझे जहाँ की हवाओं के रुख़ से क्या निस्बत
तू अपने-आप ही ख़ुद अंजुमन है ख़ुद ही चराग़
हुजूम-ए-हल्क़ा-ब-गोशाँ[7] से तुझ को क्या निस्बत
ये रास्ता नहीं वो जिस पे तू ठहर जाये
यहाँ से जल्द गुज़र अक्स-ए-मेहर-ओ-मह[8] की तरह
यहाँ पे कोई रुका है तो ख़ार-ए-रह[9] की मिसाल
यहाँ पे कोई रुका है तो गर्द-ए-रह[10] की तरह

जो आस्ताँ हो उसे संग-ए-दर[11] का ग़म कैसा
जो ख़ुद सफ़र हो उसे रहगुज़र[12] का ग़म कैसा
जो ख़ुद यक़ीं हो उसे वहम-ए-इन्तिज़ाम[13] से क्या
जो ख़ुद ही मय हो उसे मय-कदे[14] के नाम से क्या

---

1. सूर्य, 2. चाँद, 3. चिन्तन और क्रियाशीलता की गर्मी, 4. अस्तित्व, 5. स्वर और क्रिया का झरना, 6. सम्बन्ध, 7. कोने में बैठे हुए लोग, 8. सूर्य और चाँद की परछाईं, 9. रास्ते का काँटा, 10. धूल, 11. दहलीज़ का पत्थर, 12. रास्ता, 13. व्यवस्था की चिन्ता, 14. शराबख़ाना।

डरो उस वक़्त से

हर तरफ़ दौर-ए-फ़रामोशी[1] है
ज़ेहन सहमा हुआ बैठा है कहीं
अपने अतराफ़[2] हिफ़ाज़त की तनाबें गाड़े
जब कोई बात नहीं याद उस को
फिर ये दहशत का सबब[3] क्या मअनी[4]
और हिफ़ाज़त का जुनूँ कैसा है

डरो उस वक़्त से जब ऐसा ख़ौफ़
जिस के अस्बाब[5] नहीं मिलते हैं
ज़िन्दगानी में चला आता है

रूह-ए-विज्दान[6] भटक जाती है
तर्ज़-ए-अफ़्कार[7] बदल जाती है
सहरा[8] आ जाते हैं दीवारों में
आसमानों के वरक़ खुलते हैं
जौक़-दर-जौक़ परे रूहों के
चलते-फिरते नज़र आ जाते हैं
और ज़मीं काँच के
टुकड़ों की तरह टूटती है

वहम तस्वीर में ढल जाता है
कम-निगाही का तसल्लुत[9] चुप-चाप
दूर-अन्देशी[10] को खा जाता है
डरो उस वक़्त से जब ऐसा ख़ौफ़
ज़िन्दगानी में चला आता है
जिसके अस्बाब नहीं मिलते हैं

---

1. भूल जाने का समय, 2. चारों तरफ़, 3. कारण, 4. अर्थ, 5. कारण, 6. मस्त आत्मा, 7. सोचने व समझने की स्थिति, 8. रेगिस्तान। 9. प्रभुत्व, 10. दूरदर्शिता।

ये ख़ाल-ओ-ख़द मिरे अपने

हर एक जिस्म मिरा है, हर एक जान मिरी
ये ख़ाल-ओ-ख़द[1] मिरे अपने, ये आन-बान मिरी
सितम तो ये है कि मज़लूम मैं हूँ ज़ालिम मैं
हर एक ज़ख़्म मुझी से हिसाब माँगेगा
हर एक दाग़ मिरी आस्तीं से झाँकेगा

हज़ार-हा[2] मिरी पेशानियों[3] के चाँद बुझे
हज़ार-हा मिरे लब हम-कनार-ए-ज़हर[4] हुए
हज़ार-हा मिरे जिस्मों की डालियाँ टूटीं
हज़ार-हा मिरी आँखों की मिशअलें[5] डूबीं
जहाँ पे आग लगी है, वहाँ खिलौने थे

जहाँ पे ख़ाक उड़ी है, वहाँ पे झूले थे
जहाँ पे सर्द हैं सीने वहाँ पे चौखट थी
जहाँ पे बन्द हैं आँखें वहाँ दरीचे थे
मैं इस धुएँ में कहाँ अपनी लाश को ढूँढूँ
मैं इस हुजूम में कैसे शुमार-ए-ज़ख़्म[6] करूँ

सितम तो ये है कि मज़लूम[7] मैं हूँ, ज़ालिम मैं
हर एक ज़ख़्म मुझी से हिसाब माँगेगा!
हर एक दाग़ मिरी आस्तीं से झाँकेगा

---

1. अंग-प्रत्यंग, 2. हज़ारों, 3. मस्तक, माथा, 4. ज़हर से सराबोर, 5. मशालें, 6. ज़ख़्मों की गिनती, 7. पीड़ित।

अब तो कुछ ऐसा लगता है

अब तो कुछ ऐसा लगता है
सारा जग मुझ से छोटा है
आँखें भी मिरी बोझल बोझल
शानों[1] पर भी कुछ रक्खा है
क़ातिब-ए-वक़्त[2] ने जाते जाते
चेहरे पर कुछ लिख सा दिया है
आईने में चेहरा खोले
देख रही हूँ क्या लिख्खा है
लिख्खा है तिरे रूप का हाला[3]
और किसी के गिर्द सजा है
लिख्खा है ज़ुल्फ़ों का दो-शाला
और किसी ने ओढ़ लिया है
लिख्खा है आँखों का पियाला
कहीं कहीं से टूट रहा है
पढ़ कर मुसहफ़-ए-रुख़[4] की इबारत
दिल को इत्मीनान हुआ है
रूह तलक सरशार है मेरी
आईना हैरान हुआ है
उस को शायद इल्म[5] नहीं है
मेरा दामन अब भी भरा है
जो रखना था रक्खे हुए हूँ
जो देना था बाँट दिया है

---

1. कन्धों, 2. समय रूपी लेखक, 3. घेरा, 4. मुखमण्डल, 5. ज्ञान।

इन्साफ़[1]

मैं इस छोटे से कमरे में
आज़ाद भी हूँ और क़ैद भी हूँ
इस कमरे में इक खिड़की है
जो छत के बराबर ऊँची है
जब सूरज डूबने लगता है
कमरे की छत से गुज़रता है
मुट्ठी भर किरनों के ज़र्रे
खिड़की से अन्दर आते हैं
मैं इस रस्ते पर चलती हूँ
और अपने घर हो आती हूँ
मिरा बाप अभी तक मेरे लिए
जब शहर से वापस आता है
चादर कंघी काजल चूड़ी
जाने क्या क्या ले आता है
मेरे दोनों भाई अब भी
मस्जिद में पढ़ने जाते हैं
अहकाम-ए-ख़ुदावंदी[2] सारे
पढ़ते हैं और दोहराते हैं
आपा[3] मिरे हिस्से की रोटी
चंगीर में ढँक कर रखती है
और सुब्ह सवेरे उठ कर वो

रोटी चिड़ियों को देती है
माँ मेरी कुछ पागल सी है
या पत्थर चुनती रहती है
या दाना चुगती चिड़ियों से
कुछ बातें करती रहती है
वो कहती है जब ये चिड़ियाँ
सब इस की बात समझ लेंगी
चोंचों में पत्थर भर लेंगी
पंजों में संग[4] समो लेंगी
फिर वो तूफ़ाँ आ जायेगा
जिस से हर मिम्बर[5] हर मुंसिफ़[6]
पारा-पारा[7] हो जायेगा
मेरा इन्साफ़ करेगा वो
जो सब का हाकिम-ए-आला[8] है
सब जिस की नज़र में यकसाँ[9] हैं
जो मुंसिफ़ इज़्ज़त वाला है
मैं माँ को कैसे समझाऊँ
क्या मैं कोई ख़ाना-कअबा हूँ

---

1. उस अन्धी लड़की के नाम जिसे हुदूद में सज़ीदा दी गयी थी, 2. ईश्वरीय सन्देश, 3. बड़ी बहन, 4. कंकड़-पत्थर, 5. धर्माधिकारी, 6. जज, 7. टुकडे-टुकड़े, 8. सबसे बड़ा शासक, 9. बराबर।

एक फूल सा बच्चा

एक दिन थका-माँदा
एक शाम बे-म'अनी[1]
एक रात हैराँ सी
मेरे साथ ये तीनों
मेरे घर में रहते हैं
एक दूसरे से कम
अपने आप से हम लोग
बात करते रहते हैं
उलझे सुलझे लम्हों की
वक़्त चादरें बुन कर
हम को ढाँप देता है
देखता नहीं मुड़ कर
जल्द जल्द कटता है
हम जो देखना चाहें
वो नज़र चुराता है
एक फूल सा बच्चा
बे-ख़बर निडर सच्चा
मेरे घर के कमरों में
आ के ग़ुल[2] मचाता है
मुंजमिद[3] ख़मोशी को
तोड़ती हँसी उस की

इस तरह बिखरती है
जैसे ठहरे पानी में
कोई कँकरी फेंके
अक्स[4] झूम झूम उट्ठे
मौज[5] मौज लहराये
एक दिन थका-माँदा
जाग जाग जाता है
एक शाम बे-म'अनी
हर्फ़[6] हर्फ़ सजती है
एक रात हैराँ सी
आँख मूँद लेती है

---

1. अर्थहीन, 2. शोर, 3. जमी हुई, 4. बिम्ब, 5. लहर, 6. शब्द।

कहानी गुल ज़मीना की

गुल ज़मीना!
सुनो
तोदा-ए-ख़ाक[1] पर
अपनी कोंपल सी उँगली से
क्या लिख रही हो?

गुल ज़मीना ने शर्बत भरी आँखें ऊपर उठाईं और कहने लगी...
कुछ ही दिन क़ब्ल[2]
ये तोदा-ए-ख़ाक ही मेरा स्कूल था
मैंने अल्लाह का नाम
या-हाफ़िज़ो
उसकी दीवार पर लिख दिया था
मेरे कागज़, क़लम, और किताबें
मेरे कुनबे के हम-राह सब मिट चुके हैं
मैं यहाँ रोज़ आती हूँ
अपनी यादों के बस्ते से
पिछले सबक़ ढूँढ़ती हूँ
सफ़्हा-ए-ख़ाक[3] पर उनको लिखती हूँ
और लौट जाती हूँ

मेरी क़िस्मत में पढ़ना नहीं है
न हो!
मेरा आमोख़्ता[4]
मेरा लिखना तो जारी रहे

1. मिट्टी का ढेर, 2. पहले, 3. मिट्टी का पृष्ठ, 4. सीखना, दोहराना।

मैं बच गयी माँ

मैं बच गयी माँ
मैं बच गयी माँ
तिरे कच्चे लहू की मेहँदी
मिरे पोर पोर में रच गयी माँ
मैं बच गयी माँ
गर मेरे नक़्श उभर आते
वो फिर भी लहू से भर जाते
मिरी आँखें रौशन हो जातीं तो
तेज़ाब का सुर्मा लग जाता
सटे-वट्टे में बँट जाती
बे-कारी में काम आ जाती
हर ख़्वाब अधूरा रह जाता
मिरा क़द जो थोड़ा सा बढ़ता
मिरे बाप का क़द छोटा पड़ता
मिरी चुनरी सर से ढलक जाती
मिरे भाई की पगड़ी गिर जाती
तिरी लोरी सुनने से पहले
अपनी नींद में सो गयी माँ
अनजान नगर से आयी थी
अनजान नगर में खो गयी माँ
मैं बच गयी माँ
मैं बच गयी माँ

बुलावा

चलो उस कोह[1] पर अब हम भी चढ़ जायें
जहाँ पर जा के फिर कोई भी वापस नहीं आता
सुना है इक निदा-ए-अजनबी[2] बाँहों को फैलाये
जो आये उसका इस्तिक़बाल[3] करती है
उसे तारीकियों में ले के आख़िर डूब जाती है
यही वो रास्ता है जिस जगह साया नहीं जाता
जहाँ पर जा के फिर कोई कभी वापस नहीं आता

जो सच पूछो तो हम तुम ज़िन्दगी भर हारते आये
हमेशा बे-यक़ीनी के ख़तरे से काँपते आये
हमेशा ख़ौफ़ के पैराहनों[4] से अपने पैकर[5] ढाँपते आये
हमेशा दूसरों के साये में इक दूसरे को चाहते आये
बुरा क्या है अगर उस कोह के दामन में छुप जायें
जहाँ पर जा के फिर कोई कभी वापस नहीं आता

कहाँ तक अपने बोसीदा[6] बदन महफ़ूज़ रक्खेंगे
किसी के नाख़ूनों ही का मुक़द्दर जाग लेने दो
कहाँ तक साँस की डोरी से रिश्ते झूट के बाँधें
किसी के पंजा-ए-बे-दर्द ही से टूट जाने दो
फिर इसके बाद तो बस इक सुकूत-ए-मुस्तक़िल[7] होगा
न कोई सुर्ख़-रू[8] होगा, न कोई मुन्फ़इल[9] होगा

---

1. पर्वत, 2. अजनबी आवाज़, 3. स्वागत, 4. लिबासों, 5. शरीर, 6. थके-हारे, 7. लगातार चुप्पी, 8. कामयाब, 9. लज्जित।

माज़ी और हाल

माज़ी[1]
दो बच्चे अपने कमरे से
तारों वाले कपड़े पहने
मेरे कमरे में आते हैं
मुझसे लिपट कर सो जाते हैं
और मेरी बे-ख़्वाब[2] आँखों में
नींद की ठण्डक भर जाती है

हाल[3]
घर की बीवी
अपनी आया[4] से कहती है
रात गये मिरे दोनों बच्चे
क्यूँ मेरे कमरे में आते हैं?
मुझसे लिपट कर सो जाते हैं
तुम आख़िर काहे के लिए हो?
मेरी ख़्वाब-आलूद[5] आँखों से
सारी नींद बिखर जाती है

---

1. भूतकाल, 2. जागी हुई, 3. वर्तमान, 4. नौकरानी, 5. नींद से भरी।

एक लड़की

कैसा सख़्त तूफ़ाँ था
कितनी तेज़ बारिश थी
और मैं ऐसे मौसम में
जाने क्यूँ भटकती थी
वो सड़क के उस जानिब[1]
रौशनी के खम्बे से
सर लगाये इस्तादा[2]
आने वाले गाहक के
इन्तिज़ार में गुम थी!
ख़ाल-ओ-ख़द[3] की आराइश[4]
बह रही थी बारिश में
तीर नोक-ए-मिज़्गाँ[5] के
मिल गये थे मिट्टी में
गेसुओं की ख़ुश-रंगी
उड़ रही थी झोंकों में
मैंने दिल में ये सोचा
आब-ओ-बाद[6] का रेला!
उसको राख कर देगा
ये सजा बना चेहरा!
क्या डरावना होगा
फिर भी उसको ले जाना
आने वाले गाहक का

अपना हौसला होगा
बारिशों ने जब उसका
रंग-ओ-रूप धो डाला
मैंने डरते डरते फिर
उस को ग़ौर से देखा
सीधा-सादा चेहरा था
भोला-भाला नक़्शा था
रंग-ए-कम-सिनी[7] जिस पर
कैसे धुल के आया था
ज़र्द फूल सा पत्ता
गेसुओं में उलझा था
शबनमी सा इक क़तरा
आँख पर लरज़ता[8] था
राख की जगह उस जा[9]
इक दिया सा जलता था

मुझको यूँ लगा ऐसे!
जैसे मेरी बेटी हो
मेरी नाज़ की पाली
मेरी कोख-जाई हो
डाल से बँधा झूला
ताक़ में सजी गुड़ियाँ
घर में छोड़ आयी हो
तेज़ तेज़ चलने पर
मैंने उसको टोका हो
हाथ थाम लेने पर
मेरा उस को झटका हो
खो गयी हो मेले में
बह गयी हो रेले में

और फिर अँधेरे में
अपने घर का दरवाज़ा
ख़ुद न देख पायी हो!

दफ़अतन[10] ये दिल चाहा
उसको गोद में भर लूँ
ले के भाग जाऊँ मैं
हाथ जोड़ लूँ उसके
चूम लूँ ये पेशानी[11]!
और उसे मनाऊँ मैं
फिर से अपने आँचल का
घोंसला बनाऊँ मैं
और उसे छुपाऊँ मैं

---

1. तरफ़, 2. खड़ी, 3. तन–बदन, 4. शृंगार, 5. पलकों, 6. पानी और हवा, 7. अल्पायु, कम–उम्री, 8. काँपता, 9. जगह, 10. अचानक, 11. माथा।

सुना है

सुना है जंगलों का भी कोई दस्तूर होता है
सुना है शेर का जब पेट भर जाये तो वो हमला नहीं करता
दरख़्तों की घनी छाँव में जा कर लेट जाता है
हवा के तेज़ झोंके जब दरख़्तों को हिलाते हैं
तो मैना अपने बच्चे छोड़ कर
कव्वे के अण्डों को परों से थाम लेती है
सुना है घोंसले से कोई बच्चा गिर पड़े तो सारा जंगल जाग जाता है
सुना है जब किसी नदी के पानी में
बए के घोंसले का गन्दुमी[1] रंग लरज़ता[2] है
तो नदी की रुपहली मछलियाँ उसको पड़ोसन मान लेती हैं
कभी तूफ़ान आ जाये, कोई पुल टूट जाये तो
किसी लकड़ी के तख़्ते पर
गिलहरी, साँप, बकरी और चीता साथ होते हैं
सुना है जंगलों का भी कोई दस्तूर होता है
ख़ुदाबन्दा[3]! जलील-ओ-मो'तबर[4]! दाना-ओ-बीना[5]! मुंसिफ़-ओ-अकबर[6]!
मिरे इस शहर में अब जंगलों ही का कोई क़ानून नाफ़िज़ कर!

---

1. गेहुँआ, 2. काँपता, 3. हे ईश्वर, 4. महान व भरोसेमन्द, 5. समझदार व दृष्टिवान, 6. न्यायप्रिय व शक्तिशाली।

क़िस्सा गुल बादशाह का

नाम मेरा है गुल बादशाह
उम्र मेरी है तेरह बरस
और कहानी
मेरी उम्र की तरह से मुंतशिर मुंतशिर[1]
मुख़्तसर मुख़्तसर[2]

मेरी बे-नाम बे-चेहरा माँ
बे-दवा मर गयी
बाप ने उसको बुर्क़े में दफ़ना दिया
उसको डर था कि मुनकिर-नकीर[3]
मेरी अम्माँ का चेहरा न देखें
वैसे ज़िन्दा थी, जब भी वो मदफ़ून[4] थी

बाप का नाम ज़र ताज गुल
उम्र बत्तीस बरस
वो मुजाहिद[5] शहादत का तालिब[6] राह-ए-हक़[7] का मुसाफ़िर हुआ
और जाम-ए-शहादत भी उसने
अपने भाई के हाथों पिया
जो शुमाली मुजाहिद था
और पंज-वक़्ता नमाज़ी भी था

मसअला इस शहादत का पेचीदा है
इसको बेहतर यही है यहीं छोड़ दें
अब बहर-हाल बाबा तो जन्नत में है
उसके हाथों में जाम-ए-तुहूर
उसकी बाँहों में हूर ओ कुसूर
मेरी तक़दीर में बम-धमाके धुआँ
पिघलती हुई ये ज़मीन
बिखरता हुआ आसमाँ
बाद-अज़-मर्ग[8] वो ज़िन्दा है
ज़िन्दगी मुझसे शर्मिन्दा है

(2)

कल सर-ए-शाम दुश्मन ने आते हुए
बम के हमराह[9] बरसा दिये
मुझ पे कुछ पीले थैले
जिनसे मुझको मिले
गोल रोटी के टुकड़े
एक मक्खन की टिकिया
एक शर्बत की बोतल
मुरब्बे का डब्बा

इसके बदले में वो ले गये
मेरे भाई का दस्त-ए-मशक़्क़त[10]
जिसमें मन्नत का डोरा बँधा था
मेरी छोटी बहन का वो पाँव
जिससे रंग-ए-हिना[11] फूटता था

लोग कहते हैं ये अम्न की जंग है
अम्न की जंग में हमला-वर

सिर्फ़ बच्चों को बे-दस्त-ओ-पा[12] छोड़ते हैं
उनको भूखा नहीं छोड़ते
आख़िर इन्सानियत भी कोई चीज़ है

मैं दहकते पहाड़ों में तन्हा
अपने तर्के की बन्दूक़ थामे खड़ा हूँ
तमाशा-ए-अहल-ए-करम[13] देखता था
तमाशा-ए-अहल-ए-करम देखता हूँ

---

1. बिखरा हुआ, 2. संक्षिप्त, 3. वे दो फ़रिश्ते जो मौत के बाद मृतक से सवाल–जवाब करते हैं, 4. दफ़न, 5. धर्म–योद्धा, 6. इच्छुक, 7. सत्य–मार्ग, 8. मृत्योपरान्त, 9. साथ–साथ, 10. मेहनती हाथ, 11. मेहँदी का रंग, 12. अपाहिज करके, 13. दया करने वालों का तमाशा।

आज की बात

आज की बात नयी बात नहीं है ऐसी
जब कभी दिल से कोई गुज़रा है याद आयी है
सिर्फ़ दिल ही ने नहीं गोद में ख़ामोशी की
प्यार की बात तो हर लम्हे ने दोहराई है
चुपके चुपके ही चटकने दो इशारों के गुलाब
धीमे धीमे ही सुलगने दो तक़ाज़ों के अलाव!
रफ़्ता रफ़्ता[1] ही छलकने दो अदाओं की शराब
धीरे धीरे ही निगाहों के ख़ज़ाने बिखराओ
बात अच्छी हो तो सब याद किया करते हैं
काम सुलझा हो तो रह रह के ख़याल आता है
दर्द मीठा हो तो रुक रुक के कसक होती है
याद गहरी हो तो थम थम के क़रार आता है
दिल गुज़रगाह[2] है आहिस्ता-ख़िरामी[3] के लिए
तेज़-गामी[4] को जो अपनाओ तो खो जाओगे
इक ज़रा देर ही पलकों को झपक लेने दो
इस क़दर ग़ौर से देखोगे तो सो जाओगे

---

1. धीरे–धीरे, 2. रास्ता, 3. धीमी रफ़्तार, 4. तेज़ रफ़्तार।

डाकू

कल रात मिरा बेटा मिरे घर
चेहरे पे मुँढे ख़ाकी कपड़ा
बन्दूक़ उठाये आ पहुँचा
नौ-उम्री[1] की सुर्ख़ी[2] से रची उसकी आँखें
मैं जान गयी
और बचपन के संदल से मंढा उसका चेहरा
पहचान गयी
वो आया था ख़ुद अपने घर
घर की चीज़ें ले जाने को
अन-कही कही मनवाने को
बातों में दूध की ख़ुशबू थी

जो कुछ भी सैंत[3] के रक्खा था
मैं सारी चीज़ें ले आयी
इक लाल-ए-बदख़्शाँ[4] की चिड़िया
सोने का हाथ छोटा सा
चाँदी की इक नन्ही तख़्ती
रेशम की फूल भरी टोपी
अतलस का नाम लिखा जुज़दान[5]
जुज़दान में लिपटा इक कुरआँ[6]

पर वो कैसा दीवाना था
कुछ छोड़ गया कुछ तोड़ गया
और ले भी गया है वो तो क्या
लोहे की बद-सूरत गाड़ी
पेट्रोल की बू भी आयेगी
जिसके पहिये भी रबर के हैं
जो बात नहीं कर पायेगी
बच्चा फिर आख़िर बच्चा है

---

1. किशोरावस्था, 2. लाली, 3. सँभाल, 4. नगीनों से जड़ी, 5. बस्ता, 6. क़ुरान।

ज़ेहरा ने बहुत दिन से कुछ भी नहीं लिक्खा है

'ज़ेहरा' ने बहुत दिन से कुछ भी नहीं लिक्खा है
हालाँकि दर-ई-अस्ना[1] क्या कुछ नहीं देखा है
पर लिक्खे तो क्या लिक्खे? और सोचे तो क्या सोचे?
कुछ फ़िक्र भी मुबहम[2] है कुछ हाथ लरज़ता[3] है

'ज़ेहरा' ने बहुत दिन से कुछ भी नहीं लिक्खा है!
दीवानी नहीं इतनी जो मुँह में हो बक जाये
चुप-शाह का रोज़ा भी यूँही नहीं रक्खा है
बूढ़ी भी नहीं इतनी इस तरह वो थक जाये
अब जान के उसने ये अन्दाज़ बनाया है
हर चीज़ भुलावे के सन्दूक़ में रख दी है
आसानी से जीने का अच्छा ये तरीक़ा है

'ज़ेहरा' ने बहुत दिन से कुछ भी नहीं लिक्खा है!
घर बार, समझती थी, क़िलआ[4] है हिफ़ाज़त का
देखा कि गृहस्थी भी मिट्टी का खिलौना है
मिट्टी हो कि पत्थर हो हीरा हो कि मोती हो
घर-बार के मालिक का घर-बार पे क़ब्ज़ा है
एहसास-ए-हुकूमत[5] के इज़हार का क्या कहना!
इनआम है मज़हब का जो हाथ में कोड़ा है

'ज़ेहरा' ने बहुत दिन से कुछ भी नहीं लिक्खा है!
दीवार पे टाँगा था फ़रमान रिफ़ाक़त[6] का
क्या वक़्त के दरिया ने दीवार को ढाया है
फ़रमान-ए-रिफ़ाक़त की तक़्दीस[7] बस इतनी है
इक जुम्बिश-ए-लब[8] पर है, रिश्ता जो अज़ल[9] का है

'ज़ेहरा' ने बहुत दिन से कुछ भी नहीं लिक्खा है!
दो बेटों को क्या पाला नादाँ ये समझती थी
इस दौलत-ए-दुनिया की मालिक वही तन्हा है
पर वक़्त ने आईना कुछ ऐसा दिखाया है
तस्वीर का ये पहलू अब सामने आया है
बढ़ते हुए बच्चों पर खुलती हुई दुनिया है
खुलती हुई दुनिया का हर बाब[10] तमाशा है
माँ बाप की सूरत तो देखा हुआ नक़्शा है
देखे हुए नक़्शे का हर रंग पुराना है

'ज़ेहरा' ने बहुत दिन से कुछ भी नहीं लिक्खा है!
सोचा था बहन भाई दरिया हैं मोहब्बत के
देखा कि कभी दरिया रस्ता भी बदलता है
भाई भी गिरफ़्तार-ए-मजबूरी-ए-ख़िदमत[11] हैं
बहनों पे भी तारी[12] है क़िस्मत का जो लिक्खा है
इक माँ है जो पेड़ों से बातें किये जाती है
कहने को हैं दस बच्चे और फिर भी वो तन्हा है

'ज़ेहरा' ने बहुत दिन से कुछ भी नहीं लिक्खा है

---

1. इस दौरान, 2. धुँधली, 3. काँपता, 4. दुर्ग, 5. प्रभुत्व की भावना, 6. सान्निध्य, 7. महानता, 8. होंठों का काँपना, 9. अनन्तकालीन, 10. अध्याय, 11. नौकरी की मजबूरी में क़ैद, 12. छाई।

'अलिफ़' और 'बे' के नाम

जानाँ! क्या ये हो सकता है
आज की शाम कहीं नहीं जायें
शोर मचाने वाले फ़ीते
आवाज़ों से भरे तवे
सब थोड़ी देर को चुप हो जायें

जानाँ! क्या ये हो सकता है
इस प्यारी मशरूब[1] के पैमाने भी न छलकें
जिनके बल-बूते पे हमारी ख़ुश-अख़्लाक़ी[2] आम हुई है
और न मौज़ूआत[3] के लावे मुँह से उबलें
ऐसे लोग कि जिनके चेहरे बहुत बड़े और दिल छोटे हैं
आज हमें सूरत न दिखायें
थोड़ी देर को तन्हाई की हल्की ख़ुनकी बसी रहे
लोग घरों में और बोतल अलमारी ही में सजी रहे

हम दोनों उस कमरे में हों
जिसकी दीवारों पे हमारे सुख के बन्धन
तस्वीरों की शक्ल में आवेज़ां[4] रहते हैं
जिसमें रक्खे काठ के घोड़े
कोट के हाथी
सब हमको तकते रहते हैं

जिसमें बैठी काँच की चिड़ियाँ
हमको देख के डर सी गयी हैं
जिसमें रक्खी कई किताबें
हमसे रूठ के मर सी गयी हैं
हम दोनों तन्हा हों
थोड़ी देर को गुम-सुम से बैठें

फिर रफ़्ता[5] रफ़्ता बात-चीत के
छोटे छोटे फूल खिलें
कुर्बत[6] की गर्मी से पशेमानी[7] के आँसू
दिए की तरह से जल उट्ठें

जानाँ क्या ये हो सकता है
अब भी मेरा दिल कहता है
शायद ऐसा हो सकता है

---

1. शराब, 2. सभ्य आचारण, 3. विषयों, 4. लटके, 5. धीरे–धीरे, 6. नज़दीकी, 7. शर्मिन्दगी।

मुस्लिम मुस्लिम फ़सादात

सुब्ह-दम जो देखा था
क्या हरा-भरा घर था
डाँटती हुई बीवी
भागते हुए बच्चे
रस्सियों की बाँहों में
झूलते हुए कपड़े
बोलते हुए बर्तन
जागते हुए चूल्हे
इक तरफ़ को गुड़िया का
अध-बना घरौंदा था
दूर एक कोने में
साइकिल का पहिया था
मुर्ग़ियों के दरबे थे
काबुकें[1] थीं, पिंजरा था
तीस गज़ के आँगन में
सब ही कुछ तो रक्खा था

एक पल में ये मंज़र
क्यूँ बदल सा जाता है
इक धुआँ सा उठता है
हाँ मगर धुँदलके में

कुछ दिखाई देता है
जा-नमाज़[2] का कोना
झाड़ियों में उलझा है
सफ़हा-ए-कलाम-ए-पाक[3]
ख़ाक पर लरज़ता[4] है

साथ और ख़बरों के
ये ख़बर भी छपती है
लोग इसको पढ़ते हैं
बातें होती रहती हैं
काम चलते रहते हैं
एम्बुलेंस एधी की
बैन करती आती है
सब जली कटी लाशें
साथ ले के जाती है
सुब्ह तक सभी लाशें
दफ़्न कर दी जाती हैं
औरतों की बच्चों की
बूढ़ों और जवानों की
मस्जिदों से होती हैं
बारिशें अज़ानों की
ला-इलाह इल-लल्लाह

ला-इलाह इल-लल्लाह

---

1. कबूतरों की कोठरियाँ, 2. नमाज़ पढ़ने की चटाई, 3. कुरान–शरीफ़ का पन्ना, 4. इधर–उधर भटकता।

मता-ए-अल्फ़ाज़

ये जो तुम मुझसे गुरेज़ाँ[1] हो मिरी बात सुनो

हम इसी छोटी सी दुनिया के किसी रस्ते पर
इत्तफ़ाक़न कभी भूले से कहीं मिल जायें
क्या ही अच्छा हो कि हम दूसरे लोगों की तरह
कुछ तकल्लुफ़[2] से सही, ठहर के कुछ बात करें

और इस अर्सा-ए-अख़लाक़-ओ-मुरव्वत[3] में कभी
एक पल के लिए वो साअ'त-ए-नाज़ुक[4] आ जाये
नाख़ुन-ए-लफ़्ज़[5] किसी याद के ज़ख़्मों को छुए
इक झिझकता हुआ जुमला[6] कोई दुख दे जाये
कौन जानेगा कि हम दोनों पे क्या बीती है
इस ख़ामोशी के अँधेरों से निकल आयें चलो
किसी सुलगे हुए लहजे से चरागाँ[7] कर लें
चुन लें फूलों की तरह हम भी मता-ए-अल्फ़ाज़[8]
अपने उजड़े हुए दामन को गुलिस्ताँ कर लें
चुन लें फूलों की तरह हम भी मता-ए-अल्फ़ाज़
दौलत-ए-दर्द बड़ी चीज़ है इक़रार करो
ने'मत-ए-ग़म बड़ी ने'मत है ये इज़हार करो
लफ़्ज़ पैमान[9] भी इक़रार भी इज़हार भी हैं
ताक़त-ए-सब्र अगर हो तो ये ग़म-ख़्वार[10] भी हैं

हाथ ख़ाली हों तो ये जिन्स-ए-गिराँ-बार[11] भी हैं
पास कोई भी न हो फिर तो ये दिलदार भी हैं
हाथ ख़ाली हों तो ये जिंस-ए-गिराँ-बार भी हैं
ये जो तुम मुझसे गुरेज़ाँ हो मिरी बात सुनो

ये जो तुम मुझसे गुरेज़ाँ हो मिरी बात सुनो

---

1. विमुख, 2. औपचारिकता, 3. शिष्टता व आत्मीयता के सम्बन्ध के दौरान, 4. नाज़ुक क्षण, 5. शब्दों के नाख़ून, 6. वाक्य, 7. रौशनी, 8. शब्दों की पूँजी, 9. वादा, 10. आत्मीय, हमदर्द, 11. बोझ।

कल रात ढले

कल रात ढले ये सोचा मैंने
मैं अपने ख़ज़ाने साफ़ कर लूँ
किस किस का है क़र्ज़ मुझ पे वाजिब
इसका भी ज़रा हिसाब कर लूँ
अलमारी की चाबी खो गयी थी
वो ज़ंग भरी पुरानी चाबी
मैंने उसे कोने कोने ढूँढ़ा
मुझको तो नहीं मिली कहीं भी
मैंने जो नज़र उठा के देखा
अलमारी तो बन्द ही नहीं थी
मिट्टी की तहों में लिपटे जाले
इक ख़ाक का ढेर लग रहे थे
वो सारी निशानियाँ हमारी
वो सारी कहानियाँ हमारी
शोले की तरह भड़कने वाली
धड़कन की तरह धड़कने वाली
आराम की नींद सो रही थी
उनमें कोई रौशनी नहीं थी
उनमें कहीं ज़िन्दगी नहीं थी

यहाँ दिलदार बेगम दफ़्न है

एक अनजाना सा डर
जब वो पैदा हुई थी
उसके अन्दर जज़्ब[1] था

एक अँधेरी कोठरी का ख़ौफ
रग रग में बसा था
एक ऊँचाई से गिर जाने की दहशत
पीछे पीछे चल रही थी
एक दरवाज़े के पीछे जा के छुप जाने का शौक़
ज़िन्दगी की सबसे पहली आरज़ू थी
खिड़कियों की ओट से गलियों का मंज़र देखना
ज़िन्दगी की सबसे पहली जुस्तुजू[2] थी

जब ज़रा सा वक़्त गुज़रा
अक़्ल के तारों की जुम्बिश[4] से बदन जागा
हिफ़ाज़त का तसव्वुर[5] इस क़दर वहशत-ज़दा[5] था
कि अपने जिस्म से शर्मिन्दगी होती रही

फिर ख़रीदारों की दुनिया में ज़रा सुन-गुन हुई
दिल धड़कने की सदा मादूम[6] हो कर रह गयी
ख़ौफ़ के गहने सजा कर

और झिझक के बेतहाशा फूल पहना कर
ख़रीदारों ने उस को फिर से अन्धी कोठरी में क़ैद कर डाला
वो जिसका ख़ौफ़ वो बचपन से सहती आ रही थी

फिर ज़रा सा होश आया
दौर-ए-नौ-उम्री[7] गया तो आँख से पर्दा हटा
मंज़र नज़र आने लगे
पाँव चौखट की तरफ़ बढ़ने लगे
इक क़दम रक्खा ही था कि नन्हे नन्हे हाथ इक ज़ंजीर बन
कर आ गये

अब वो इस रस्ते में है सब जिसको राह-ए-मर्ग[8] कहते हैं
मुंजमिद[9] आँखों में अब मंज़र ठहरते ही नहीं
अब किसी चौखट की जानिब पाँव बढ़ते ही नहीं
नन्हे नन्हे हाथ कुछ इस तरह ऊँचे हो गये
अब दस्तरस[10] से दूर हैं
अपनी ज़ंजीरों में ख़ुद महसूर[11] हैं

उसकी अन्धी कोठरी पर एक क़तबा[12] नस्ब[13] है
"इस जगह दिलदार-बेगम दफ़्न है
वो अफ़ीफ़ा पारसा साबिर-ओ-शाकिर[14] सो रही है
यहाँ से ग़ैर मर्दों का गुज़रना मना है
बराए फ़ातिहा[15] जो आना चाहे आये
लेकिन दूर से पढ़ ले"

---

1. समाहित, 2. खोज, 3. सरसराहट, 4. ख़याल, 5. भयभीत करने वाला, 6. मद्धम, 7. किशोरावस्था, 8. मृत्युशैया, 9. पथराई, 10. पहुँच, 11. बन्दी, 12. शिलालेख, 13. लिखित, 14. सहनशील, पवित्र और महान साध्वी 15. प्रार्थना करने के लिए।

मिठ्ठू मियाँ

मिठ्ठू मियाँ चुप रहो
टियों टियों मत करो
लाल मिर्च खाओगे
अपनी कहे जाओगे
मेरी बात भी सुनो
कल सबक़ पढ़ाया था
आज तुम ने दोहराया
होम-वर्क तो करो
चोंच में क्या दर्द है
रंग ये क्यूँ ज़र्द है
दाल खाना कम करो
टियों टियों मत करो
कितनी बार समझाऊँ
कितनी बार दोहराऊँ
एक लफ़्ज़ तो कहो
टियों टियों मत करो
क्या कहा सुनूँ ज़रा
मुन्नी बीबी कह दिया
वाह वाह वाह वा
मिट्ठू मियाँ ख़ुश रहो

नया घर

कहीं दूर बस्ती की आग़ोश में
वो हुमकता हुआ इक नया घर
अपने अतराफ़[1] से बे-ख़बर
नन्हे बच्चे के मानिंद[2] हँसता हुआ
इक नये-पन की ख़ुशबू में बस्ता हुआ
हमेशा मुझे और तुमको बुलाता रहेगा
अपनी मुट्ठी के घुँघरू बजाता रहेगा

वो नया घर जो मेरा तुम्हारा नहीं था
किसी तौर से भी हमारा नहीं था
कूचा कूचा भटकते हुए जिसके दर पर
थके-हारे हम तुम शिकस्ता-दिल[3] ओ ख़ाक-बसर[4]
तन पे बार-ए-नदामत[5] उठाये हुए रुक गये थे
उसके दीवार-ओ-दर फ़र्श-ओ-आँगन
हमें देख कर किस तरह झुक गये थे
उसके फैले हुए बाज़ुओं ने
हमें इस तरह से समोया
और ऐसी जगह दी
कि चेहरों की मिट्टी रिफ़ाक़त की अफ़्शाँ[6] बनी
और नदामत[7] की ज़र्दी[8] न जाने कहाँ मिट गयी
मुझको ऐसा लगा जैसे अनमोल मोती

तह-ए-आब[9] से मौज-दर-मौज लड़ता हुआ
ख़ुद किनारे तक आये
अपना ख़ाकिस्तरी[10] ख़ोल सूरज की तहवील[11] में दे के
सारी थकन भूल जाये
फिर शुआ-ए-मोहब्बत[12] से सारा जहाँ जगमगाये
मेरे दिल ने दुआ दी ख़ुदावन्द-ए-बरतर
इसी रौशनी में नहाता रहे ये नया घर
अपनी मुट्ठी के घुँघरू बजाता रहे ये नया घर
हमारी तरह दूसरे दिल-ज़दों[13] को बुलाता रहे ये नया घर

---

1. आसपास, 2. तरह, 3. टूटे हृदय, 4. मलिन, 5. शर्मिन्दगी का बोझ, 6. शृंगार, 7. शर्मिन्दगी, 8. पीलापन, 9. पानी की सतह, 10. मिट्टी का, 11. सुपुर्दगी, 12. प्रेम की किरणें, 13. प्रेमियों।

बिल्ली

दबे पाँव चलती चली आयेगी
किसी गर्म कोने में चुपके से बैठेगी
बिलौरी आँखें घुमाती रहेगी
कभी एक हल्की जम्हाई भी लेगी
देखते देखते जिस्म से उठने वाली महक
सारे कमरे में भर जायेगी
दयार-ए-ग़रीबाँ[1] से आया हुआ इक उधेड़ उम्र चूहा
जो बस रिज़्क़[2] की बू[3] को पहचानता है
जो हर वक़्त बीमार हर वक़्त बेज़ार चुहिया से तंग आ चुका है
उसे देख लेगा तो जी जायेगा
शौक़-ए-वारफ़्तगी[4] तर्ज़-ए-आमादगी[5]
उसको बिल्ली के नज़दीक ले जायेगा
लम्हा-ए-कुर्ब में[6]
साअत-ए-वस्ल में[7]
उस हसीना के नाख़ून निकल आयेंगे
उस अधेड़ उम्र चूहे से शोख़ी करेंगे
उसे हाँफता-काँपता अध-मुआ छोड़ कर
फिर से मल्बूस-ए-मख़मल[8] में छुप जायेंगे

---

1. परदेस, बाहर, 2. रोज़ी, 3. महक, 4. दीवानगी, 5. समर्पण-भावना, 6. क़रीबी के पल, 7. मिलन की घड़ी, 8. मख़मली लिबास।

शाम का पहला तारा-2

मेरी उस शाम के तारे से मुलाक़ात बहुत गहरी थी
वो मिरा हम-दम-ए-देरीना[1] था
मैं बहुत छोटी थी जब माँ ने बताया था मुझे
"देखो देखो वो उधर वो मिरी उँगली के क़रीब
एक तारा भी तुम्हें देखता है"

उन दिनों जब मैं हवाओं की तरह उड़ती थी
और डाली की तरह झूम के लहराती थी
रात और दिन के लिपटने की घड़ी आते ही
सिर्फ़ उस तारे की ख़ातिर मैं ठहर जाती थी
वो मुझे देखता था
मैं भी उसे देखती थी
वो मुझे ढूँढ़ता था
मैं भी उसे ढूँढ़ती थी
और उस ईद-ए-मुलाक़ात[2] के बाद
रोज़ हम दोनों बिछड़ जाते थे
अपनी मंज़िल की तरफ़ वो भी चला जाता था
अपने रस्तों की तरफ़ मैं भी पलट आती थी

मेरी उस शाम के तारे से मुलाक़ात बहुत गहरी थी
मैंने तारे की रिफ़ाक़त[3] में शगुन कितने लिए

आज देखा नहीं तारा मैंने
आज की शाम जो रोज़ आता है शायद नहीं आये
रास्ता भूल न जाये
आज तो जल्द निकल आया है तारा मेरा
आज की रात मुलाक़ात मिलेगी मुझ को
अन-कहे लफ़्ज़ों की सौग़ात मिलेगी मुझको
मैंने तारे की रिफ़ाक़त में शगुन कितने लिए

अब मैं तन्हा हूँ
बरस बीत गये हैं कितने
कोई तारा नहीं देखा मैंने
दूर की चीज़ ज़रा धुँधली नज़र आती है
मेरी ख़्वाबीदा[4] समाअत[5] को जगाने के लिए
सिर्फ़ आवाज़-ए-अज़ाँ[6] आती है
अब शगुन काहे से लूँ
किस के आने की उम्मीदें बाँधूँ
किसके जाने से परेशान रहूँ

कल मगर फ़ोन की घण्टी ने मुझे
अपने माहौल से बेदार[7] किया
ज़िन्दगी से मुझे दो-चार किया
एक अमृत भरा लहजा मिरे कानों में घुला
"अम्माँ कल शाम दिखाया हमने
अपने बच्चों को चमकता तारा"
"कौन सा तारा दिखाया तुमने"
"आपका शाम का पहला तारा"

फ़ोन जब ख़त्म हुआ
वक़्त दोनों ही गले मिलते थे
मैंने खिड़की से हटाया पर्दा

आसमाँ हद्द-ए-नज़र[8] तक वरक़-ए-सादा[9] था
न शफ़क़[10] थी न उफ़ुक़[11] पर ही कोई तारा था

यक-ब-यक एक किरन चेहरे पर लहराने लगी
दूर की चीज़ जरा धुँधली नज़र आती है
मेरा तारा मेरी पलकों पर उतर आया था
मैंने उँगली के सहारे से उसे थाम लिया
अपने आँचल में उसे बाँध लिया
भला इस उम्र में ये साथ किसे मिलता है

मेरी उस शाम के तारे से मुलाक़ात बहुत गहरी थी
...मिरा हमदम-ए-देरीना था

---

1. पुराना साथी, 2. मिलन–उत्सव, 3. सानिन्ध्य, 4. सुप्त, 5. श्रवण–शक्ति, 6. अज़ान की आवाज़, 7. जाग्रत, 8. दृष्टि की अन्तिम सीमा, 9. कोरा काग़ज़, 10. लाली, 11. क्षितिज।

एक पुरानी कहानी

किसी शहर में इक कफ़न-चोर आया
जो रातों को क़ब्रों में सूराख़ कर के
तन-ए-कुश्तगाँ[1] से कफ़न खींच लेता
आख़िर-ए-कार पकड़ा गया
और उसको मुनासिब सज़ा हो गयी
कुछ ही दिन बाद इक दूसरा चोर वारिद[2] हुआ
जो कफ़न भी चुराता
क़ब्र को भी खुला छोड़ देता
दूसरा चोर भी रुक्न-ए-इन्साफ़[3] के पास लाया गया
और मेहमान-ए-ज़िन्दाँ[4] हुआ
फिर यकायक किसी तीसरे चोर का ग़ुल[5] मचा
जो कफ़न भी चुराता
क़ब्र को भी खुला छोड़ देता
और मुर्दा बदन को बरहना[6] किसी राह पर डाल देता
शहर वाले जब उसे अदालत में लाये
तो क़ाज़ी ने उसकी सज़ा को सुनाते हुए
फ़ैसला यूँ लिखा
"ख़ुदावन्द[7] पहले कफ़न-चोर को अपनी रहमत में रखना कि
वो आदमी ख़ूब था"

---

1. मृत शरीर, 2. अवतरित, 3. न्यायाधीश, 4. जेल का मेहमान, 5. शोर, 6. नग्न, 7. हे ईश्वर।

शहर के एक कुशादा घर में

शहर के एक कुशादा[1] घर में
अपने अपने काम सँभाले
मैं और एक मिरी तन्हाई
हम दोनों मिल कर रहते हैं
बातें करते रोते हँसते
हर दुख-सुख सहते रहते हैं

आज कि जब सूरज भी नहीं था
फूलों के खिलने का ये मौसम भी नहीं था
और फ़लक[2] पर चाँद के छा जाने का हफ़्ता बीत चुका था
दरवाजे की घण्टी ने वो शोर मचाया
जिससे पूरा घर थर्राया
हम दोनों हैरान हुए कि ऐसा राही कौन रुका है
जो इस घर को अपना घर ही समझ रहा है
खिड़की से बाहर झाँका तो बस इक ख़्वाब सा मंज़र[3] देखा
सूरज भी दहलीज़ पे था
और चाँद किवाड़ की ओट से लिपटा झाँक रहा था
फूल खिले थे

हमने इस मेहमान को सर आँखों पे बिठाया
दिल में जगह दी

जो अपने हम-राह[4] सभी मौसम ले आया
थकी हुई तन्हाई ने मुझसे
थोड़ी देर को मोहलत माँगी
मैंने उसको छुट्टी दे दी
साथ में ये ताकीद[5] भी कर दी
देखो कल तुम अपने काम पे जल्दी आना
भूल न जाना
ये राही जो सारे मौसम ले आते हैं
इनके रस्ते सारी दुनिया में जाते हैं
जिस आँगन में चलना सीखें
उस आँगन में रुक नहीं पाते
रुक जायें तो थक जाते हैं

---

1. बड़े, 2. आकाश, 3. दृश्य, 4. साथ, 5. ज़ोर देकर किसी बात को कहना।

पुल-सिरात

मैं जिसमें रहती हूँ मेरा घर है
यहाँ की दीवार-ओ-दर के अन्दर
मिरी जवानी के ताने-बाने
हर इक रग-ए-संग[1] में रवाँ हैं
यहाँ पे निखरी हुई सफ़ेदी
मिरे बुढ़ापे की आने वाली
सहर[2] का ऐलान कर रही है
यहाँ की छत मेरे दिल से निकली हुई दुआ है
जो बारगाह-ए-ख़ुदा[3] में मक़बूल[4] हो के साया किये हुए है
यहाँ की खिड़की यहाँ के रौज़न[5]
मिरी ही आँखों के ख़्वाब हैं
कुछ में रौशनी कुछ बुझे बुझे हैं

यहाँ पे कुछ लोग रह चुके हैं
यहाँ पे कुछ लोग रह रहे हैं
हमारे माबैन[6] क्या है माज़ी[7] के राब्ते[8] हैं
वो राब्ते जिन पे सिर्फ़ मेरी गिरफ़्त महफ़ूज़ रह गयी है
जभी तो ऐसा हुआ है अक्सर
मैं अपने हाथों को ख़ुद झटक कर
निकल पड़ी ऐसे रास्ते पर
जो बाल से भी महीन

तलवार की तरह
तुंद ओ मुर्तइश[9] था
मैं कट के गिर जाना चाहती थी
बिखर के मर जाना चाहती थी
मगर न-जाने मुझे हुआ क्या!
बजाय इसके कि नीचे देखूँ
मिरी इन आँखों ने पीछे देखा
वहीं जहाँ एक घर खड़ा था
वो जिसकी खिड़की वो जिसके रौज़न
मिरी ही आँखों के ख़्वाब थे, कुछ में रौशनी,
कुछ बुझे बुझे थे!

---

1. ईंट–पत्थर, 2. सुबह, 3. ख़ुदा का दरबार, 4. स्वीकार, 5. छेद, सूराख़, 6. बीच में, 7. अतीत, 8. सम्बन्ध, 9. तेज़ और काँपता हुआ।

विर्सा

मुड़ कर पीछे देख रही हूँ
क्या क्या कुछ विर्से[1] में मिला था
और क्या कुछ मैं छोड़ रही हूँ

मेरा घर तूफ़ान-ज़दा[2] था
मेरे बुज़ुर्गों ने देखा था
वो इफ़रीत-ए-वक़्त[3] कि जिसने
उनसे सब कुछ छीन लिया था
फिर भी क्या कुछ मुझको मिला था
चेहरों पर मेहनत की चमक थी
आँखों में ग़ैरत की दमक थी
हाथ में हाथ धरे थे कैसे
ख़ाली हाथ भरे थे कैसे
मिल-जुल कर रहने की रविश[4] थी
ज़िन्दा रहने की ख़्वाहिश थी
ये सब कुछ उस घर से मिला था
वो घर जो इक ख़ाली घर था

मैंने एक भरे कुनबे में
अपने हँसते-बसते घर में
ख़ौफ़ का विर्सा छोड़ दिया है
रिश्ता-ए-जुरअत[5] तोड़ दिया है

लहजों में लफ़्ज़ों की बचत है
कुर्बत[6] में कितनी वहशत है
अपनी ख़ुशियाँ अपने आँगन
अपने खिलौने अपने दामन

मुड़ कर पीछे देख रही हूँ
क्या क्या कुछ विर्से में मिला था
और क्या कुछ मैं छोड़ रही हूँ

---

1. उत्तराधिकार, 2. तूफ़ानग्रस्त, 3. समयरूपी राक्षस, 4. परम्परा, 5. साहस से सम्बन्ध, 6. क़रीबी।

गुल-चाँदनी

कल शाम याद आया मुझे!
ऐसे कि जैसे ख़्वाब था
कोने में आँगन के मिरे
गुल-चाँदनी का पेड़ था

मैं सारी सारी दोपहर
साये में उसके खेलती
फूलों को छू कर भागती
शाख़ों से मिल कर झूलती
इस के तने में बीसियों!
लोहे की कीलें थीं जड़ी
कीलों को मत छूना कभी
ताकीद थी मुझको यही!
ये राज़ मुझ पे फ़ाश था
इस पेड़ पर आसेब[1] था!
इक मर्द-ए-कामिल[2] ने मगर
ऐसा अमल[3] उस पर किया
बाहर वो आ सकता नहीं!
कीलों में उसको जड़ दिया
हाँ कोई कीलों को अगर
खींचेगा ऊपर की तरफ़

आसेब भी छुट जायेगा
फूलों को भी खा जायेगा
पत्तों पे भी मँडरायेगा
फिर देखते ही देखते
ये घर का घर जल जायेगा

इस सहन-ए-जिस्म-ओ-जाँ[4] में भी
गुल चाँदनी का पेड़ है!
सब फूल मेरे साथ हैं
पत्ते मिरे हमराज़[5] हैं
इस पेड़ का साया मुझे!
अब भी बहुत महबूब[6] है
इसके तने में आज तक
आसेब वो महसूर[7] है
ये सोचती हूँ आज भी!
कीलों को गर छेड़ा कभी
आसेब भी छुट जायेगा
पत्तों से क्या लेना उसे
फूलों से क्या मतलब उसे
बस घर मिरा जल जायेगा
क्या घर मिरा जल जायेगा?

---

1. प्रेत, 2. जाँबाज़ मर्द, 3. जादू, 4. शरीर व प्राण का आँगन, 5. आत्मीय, 6. प्रिय, 7. बन्दी।

एक सच्ची अम्माँ की कहानी

मिरे बच्चे ये कहते हैं
"तुम आती हो तो घर में रौनक़ें ख़ुशबुएँ आती हैं
ये जन्नत जो मिली है सब उन्हीं क़दमों की बरकत है
हमारे वास्ते रखना तुम्हारी इक सआदत[1] है"

बड़ी मुश्किल से मैं दामन छुड़ा कर लौट आयी हूँ
वो आँसू और वो ग़मगीन चेहरे याद आते हैं
अभी मत जाओ रुक जाओ ये जुमले सताते हैं

मैं ये सारी कहानी आने वालों को सुनाती हूँ
मिरे लहजे से लिपटा झूट सब पहचान जाते हैं
बहुत तहज़ीब वाले लोग हैं सब मान जाते हैं

---

1. शुभ इच्छा, मंगल कामना।

तामील-ए-वफ़ा का अहद-नामा

ख़ामोश हैं साहिबान-ए-मुंसिफ़[1]
हैरान हैं रहबरान-ए-मुख़्लिस[2]
लाशों का कोई वतन नहीं है
मुर्दों की कोई ज़बाँ[3] नहीं है
उजड़े हुए घर की ख़ामुशी में
नौहे की निदाएँ[4] एक सी हैं
मातम का है लहजा एक जैसा
रोने की सदाएँ एक सी हैं
आँखों की सियाहियाँ हैं मद्धम
पलकों की क़लम है पारा-पारा
ख़ूनाब[5] हुआ है मुसहफ़-ए-रुख़[6]
होंटों के हैं दायरे शिकस्ता[7]
चेहरे की किताब के वरक़ पर!
ज़ख़्मों ने जो हाशिए लिखे हैं
इन सबकी ज़बाँ है एक जैसी
वो सबकी समझ में आ गये हैं
इक पल के लिए शब-ए-अलम[8] में
चमकेंगे तसल्लियों के आँसू
कुछ देर दरीदा-दामनों[9] में!
महकेगी सताइशों[10] की ख़ुशबू

फिर ख़ाक की जिल्द में छुपेगा
तामील-ए-वफ़ा[11] का अहद-नामा[12]!
मिल जायेंगी वारिसों को यादें
हो जायेगा क़ाफ़िला रवाना

---

1. जज वग़ैरा, 2. नेता-लीडर वग़ैरा, 3. भाषा, 4. रोने की आवाज़ें, 5. रक्तरंजित, 7. घायल, 8. दुख की रात, 9. फटे–पुराने दामनों, 10. तसल्लियों, तारीफ़ों, 11. वफ़ादारी, 12 प्रमाण-पत्र।

आँगन

दर दीवार दरीचे आँगन
दहलीज़ें दालान और कमरे
सारे रूप ये कितने नाज़ुक
सोचो तो मिट्टी के खिलौने
मेरे लिए ये कुंज-ए-इबादत[1]
मेरे लिए ये कोह-ए-सदाक़त[2]
मेरे लिए ये मंज़िल-ए-वादा[3]
ख़ुल्द-ए-तहफ़्फ़ुज़[4] क़स्र-ए-रिफ़ाक़त[5]
जिसके राज-सिंहासन बैठी
मैं रानी हूँ मैं बेचारी
बाहर चाहे तूफ़ाँ आयें
लेकिन याँ[6] सब चैन से सोयें
जब जागें तब सूरज निकले
सो जायें तब चाँदनी महके
मेरे घर वाले जपते हैं
मेरे नाम की जय-मालाएँ
लक्ष्मी छाया जानें मुझको
सरस्वती सा मानें मुझको
चाँद देख के मुझको देखें
हरियाली पर मुझे चलायें
अपना तख़्त और ताज सँभाले

शाल दोशाले काँधों डाले
बा़ल बाल मोती पिरवाऊँ!
पोर पोर में हीरे पहनूँ
काम-काज का पल्लू डाले!
दिन भर घर से उलझूँ सुलझूँ
रात को लेकिन आँखें मूँदे
पिछली रुत का सावन देखूँ
हीरे लाल बिखरते जायें
महल दो महले हटते जायें
छोटा आँगन नीचे कमरे!
दूर दूर से हाथ हिलायें
बीते लम्हे जुगनू ऐसे
उड़ते और चमकते आयें
मुट्ठी बाँध के उनको देखूँ
चम्पा फूल महकते जायें
जगमग जगमग सोने जैसा
घर सबकी नज़रों में आया
भीगा आँचल फैला काजल
किसने देखा किसने छुपाया

---

1. पूजा-स्थल, 2. सत्य का पर्वत, 3. वादों की मंज़िल, 4. सुरक्षित स्वर्ग, 5. प्रेमरूपी महल, 6. यहाँ।

एक तिलिस्मी खेल

कैसे कैसे नाम लिखे थे
वक़्त ने माह-ओ-साल[1] के रुख़ पर
तूफ़ानों ने पाला मारा
सारे हो गये तित्तर-बित्तर
सैक़ल कर के रखना चाहा
हमने कुछ नामों को बचा कर
उम्र की मौजें बहा ले गयीं
सारे लाल और सारे जवाहिर
तर्ज़-ए-ख़िराम[2] के फूल खिले थे
आती जाती राहगुज़र[3] पर
आज है सिर्फ़ ग़ुबार का पर्दा
कैसी मंज़िल कैसा मंज़र
धज्जी धज्जी बिखर रही है
तनी हुई एहसास की चादर
कुछ हर्फ़ों की मद्धम सी लौ
काँप रही है लरज़ लरज़ कर
ख़ुशबू अपनी खो बैठा है
सब शेरों का मुश्क और अम्बर[4]
सूरत अपनी बदल चुके हैं
अहद[5] अक़ीदे[6] मस्जिद मिम्बर
कैसे ख़ाली हाथ खड़े हैं

शाह वज़ीर अमीर गदागर[7]
उजड़ी ख़्वाब-ओ-ख़याल की दुनिया
अपने घरों में सब हैं बे-घर
क्यूँ-कर जोड़ें अपने टुकड़े
हार गये हैं सारे रफ़ूगर
ख़ूनी बादल गहरे गहरे
छँटे नहीं हैं बरस बरस कर
और ज़मीनें आँखें मूँदे
मस्त हुई हैं लहू पी पी कर
एक तिलिस्मी खेल रचा है
जाने कौन है ये जादूगर

---

1. साल-महीने, 2. मौसमी, 3. मार्ग, 4. इत्र, 5. समय, 6. धारणाएँ, 7. भिक्षुक।

रास्ते

अब तलक उन निगाहों में महफ़ूज़ हैं
सीधे-सादे वो वीरान से रास्ते
अपने हमराज़ अपने शनासा[1]
अपने दुख अपने सुख दोनों पहचानते
ऊँघते जागते ठहरते भागते
भीगे भीगे वो हैरान से रास्ते
देखते देखते एक पुल बन गया
और समुन्दर का पानी सिमट कर समुन्दर से फिर मिल गया
धूप से तप के मिट्टी का गीला बदन जाग उठा तन गया
घर हुमकने लगे लोग बसने लगे
रंग लौ दे उठे फूल हँसने लगे
अब कहीं कोई तन्हा सड़क कोई वीरान कोना उभरता नहीं
कोई दिलदार साया बुलाता नहीं कोई ग़म-ख़्वार[2] रस्ता निकलता नहीं

---

1. जानकार, 2 हमदर्द।

तन-ए-नहीफ़ से अम्बोह-ए-जब्र हार गया

अब आँसुओं के धुँधलकों में रौशनी देखो
हुजूम-ए-मर्ग[1] से आवाज़-ए-ज़िन्दगी[2] को सुनो
सुनो कि तिश्ना-दहन[3] मालिक-ए-सबील[4] हुए
सुनो कि ख़ाक-बसर[5] वारिस-ए-फ़सील[6] हुए
रिदा-ए-चाक ने दस्तार-ए-शह को तार[7] किया
तन-ए-नहीफ़ से अम्बोह-ए-ज़ब्र[8] हार गया
सुनो कि हिर्स-ओ-हवस क़हर-ओ-ज़हर[9] का रेला
ग़ुबार-ओ-ख़ार ओ ख़श-ओ-ख़ाक[10] ही ने थाम लिया
सियाहियाँ[11] ही मुक़द्दर हों जिन निगाहों का
ख़ुदा बचाये उन आँखों की शोला-बारी[12] से
डरो कि ज़र्द-रुख़ाँ नीम-जाँ ओ ख़स्ता-तनाँ[13]
हज़ार बार मरे और लाख बार जिए!
वो लोग जिनको मयस्सर[14] न आये मरहम-ए-वक़्त!
वो लोग तल्ख़ी-ए-तक़दीर[15] बाँट लेते हैं
वो हाथ जिन पे हो नफ़रत का ज़ंग सदियों से
वो हाथ लोहे की दीवार काट देते हैं

---

1. मृतकों का समूह, 2. जीवन की ध्वनि, 3. प्यासे मुख, 4. प्याऊ के मालिक, 5. दर-ब-दर, 6. महलों के वारिस, 7. फटी हुई चादर (भिखारी) ने बादशाह की पगड़ी को फाड़ दिया, 8. कमज़ोर शरीर से ताक़तवर ज़ुल्म हार गया, 9. लालच, ईर्ष्या, ज़ुल्म और ज़हर, 10. धूल-मिट्टी का ढेर, 11. अँधेरे, 12. आग उगलना, 13. कमज़ोर व लाचार लोग, 14. प्राप्त, 15. भाग्य की कड़वाहट।

दरख़्वास्त

जनाब-ए-वाला!
ये मज़हब-ए-ज़िन्दगी[1] है, इसमें माफ़ियों की बड़ी जगह है
हुज़ूर-ए-वाला!
ये मज़हब-ए-ज़िन्दगी है, इसमें तलाफ़ियों के कई सब्क
रास्ते खुले हैं
वो सिर्फ़ क़ह्-हार[2] ही नहीं है
वो सिर्फ़ जब्बार[3] ही नहीं है
वो रहमतों से भरा समुन्दर है, मौज-दर-मौज जिसमें
आफ-ओ-करम[4] के मोती भरे हुए हैं

हुज़ूर हमको अज़ाब की आयतें सुनाकर डराइए मत
कि हम न थे वो यहूदी जो अपने वादों से मुनहरिफ़[5] थे
न लश्कर-ए-अब्रह की वो सिपाह[6] ठहरी
जो ख़ान-ए-रब्ब-ए-मुहतशिम पे चढ़ाई करने के मुर्तक़िब थे
सज़ा की तफ़सील[7] सुन के हम लोग क्या करेंगे
हमारे ज़ेहनों में ख़ौफ़ से बढ़ कर उसकी रहमत बसी हुई है

हुज़ूर अरबाब-ए-इल्म[7] हैं, सबके इल्म में है
पर उसकी रहमत को जान लेना
और उसकी शफ़ाक़त को मज़हर-ए-जाँ बना के

उसको रहीम व ग़फ़्फ़ार[8] मान लेना
जनाब-ए-वाला की मसलहत[9] की ख़िलाफ़त है
इतना मान लीजिए!
हुज़ूर! ये बात जान लीजिए!

---

1. ज़िन्दगी का मजहब, 2. तानाशाह, 3. निष्ठुर, 4. दया व करुणा, 5. असहमत, 6. सेना, 7. विद्वान लोग, 8. दयालु व उदार हृदय, 9. नेचर, प्रकृति।

पुर्सा

(सिमोन द बोउवा के नाम – सार्त्र की मौत पर)

वो तेरे साथ था, ना था
जवाब इसका कौन दे
मगर तू उसके साथ थी
ये क़ुर्ब[1] भी अजीब था
न कोई तग़मा-ए-वफ़ा[2]
न कोई मुहर-ए-बन्दगी[3]
बस एक अहद-ए-ज़िन्दगी[4]
वो लाल-ए-शब चिराग़[5] था
तू उसका हाथ थाम कर
बढ़ी तो इस तरह बढ़ी
हवाएँ बे-अदब हुईं
बिफ़रने वाले मौसमों
ने रास्ते बना दिये
हज़ार गुल बिछा दिये
चिराग़ रौशनी का ज़ार बिखेरता चला गया
जहाँ जगमगा उठा
वो रोशनी तेरे रोंयें रोंयें में जज़्ब हो गयी
इस इक्तिसाब-ए-ज़ार[6] से तेरा जिस्म जल गया

---

9. क़रीबी, 2. वफ़ादारी का ईनाम, 3. बन्दगी करने का अनुबन्ध, 4. ज़िन्दगी का वादा, 5. रात का अनमोल दीपक, 6. ज़ार को हासिल करने की कोशिश।

एक बड़े मुसव्विर के नाम

जहान-ए-रंग-ओ-बू[1] में वो बरह्ना पा[2]
रवाँ दवाँ है और देखता नहीं
के रोज़-ओ-शब ने कितने माह-ओ-साल के तानों पे बुन दिये
पलट के देखता नहीं
के बारिशों से सब इमारतों के रंग बह गये
वो जानता है उसके रुख़ की रौशनी
वो सुबह जैसी दिलकशी, अभी तलब गुदाज़ है
किसी धनक की खोज में वो सारे मौसमों से बे-नियाज़[3] था
वो सारे मौसमों से बे-नियाज़ था

---

1. रंग-बिरंगी दुनिया, 2 नंगे पैर, 3. निर्लिप्त।

सिल्विया प्लाथ

दीवानी[1] थी कि सियानी थी
पर औरत बड़ी जियाली[2] थी
वो मौत को मुट्ठी में पकड़े
इस आन से ज़िन्दा रहती थी
जब चाहे मुट्ठी खोलेगी
मर जायेगी...

---

1. नासमझ, 2. साहसी।

इजाज़त लें

आओ हम भी इजाज़त तलब करके उठें...
इजाज़त लें देरीना[1] ख़्वाबों के दीवार-ओ-दर से
जिनकी ठण्डक से मुद्दत तक आँखें गुलिस्ताँ रही हैं
आज उसके खँडहर इतने वीरान हैं
जिनमें एक दूसरे को पुकारो तो आवाज़ भी पलटती नहीं है

इजाज़त लें
वादों की उन कोंपलों से
जो अब तक रग-ए-जाँ में पैवस्त[2] थीं
जो जिगर की तराविश सी फैलें बढ़ें
और दरख़्तों की सूरत में साया किये अपने हमराह थीं
आज यूँ करम ख़ुर्दा हैं जिनमें
परिन्दे भी घबरा के रुकते नहीं हैं

इजाज़त लें
उन रिश्ते नातों की ज़ंजीर से
जिसे पाँव में बाँध कर, बाज़ूओं में समो कर
हमेशा फ़ख़्र से हमने दुनिया को देखा
अब ये हम से गुरेज़ाँ है और अपने हलक़े
किसी और को सौंपना चाहती है।

आओ हम भी इजाज़त तलब करके उठें...
इजाज़त लें उससे
जिसे हमने चाहा
और इतना कि ख़ुद से, ख़ुदाई से, अपने ख़ुदा से ज़्यादा...
कहीं रिश्ता-ए-जान ज़मान-ओ-मकान की भँवर में
अपनी ज़ात और अपनी आन को सँभाले रहा है
मगर अब ये थक गया है

इजाज़त लें उससे
जिसे हमने चाहा...

---

1. पुराने, 2. संलग्न।

क़िस्सा एक हकीम की ज़िन्दगी और मौत का

वो जब बुलन्द मर्तबों की सीढ़ियों पे चढ़ गया
तब उसने देखा उसके इर्दगिर्द एक हुजूम[1] था
हुजूम के लबों पे उसकी ज़िन्दगी का गीत था
वो डर गया...

और यही हुजूम उसको आगे बढ़ के रौंद दे!
अगर ये इस्दहाम उसे बुलन्दियों से फेंक दे...!
ये सोच कर लरज़ गया...
उसे सलामती-ए-जिस्म-ओ-जाँ की फ़िक्र हुई
लुटी हुई सिपाह[2] फिर से मोतबर[3] हुई कि वो
ख़ुद अपने मुल्क ही में अपने मोर्चे सँभाल ले
जो आँख उठे, उसे सना की नोक पर उछाल दे

पिटे हुए मसाहिबीन-ए-वक़्त[4] फिर सँभल गये
यूँ हुक्म था बाजिज़ क़सीदा कोई गुफ़्तगू न हो
हमारे पूरे शहर में, सिवाय एक शख़्स के
किसी की आबरू न हो...
मुहाफ़िज़ों[5] ने उसके इर्दगिर्द फ़ासले की रस्सियों के
जाल बुन दिये
हिफ़ाज़तों के पुल बना दिये

हुजूम जिसके लब पे उसकी ज़िन्दगी का गीत था
हुजूम उससे...कट गया...बिखर गया

फिर एक रात यूँ हुआ
मुहाफ़िज़ों ने फ़ासले की रस्सियाँ गले से उसके बाँध दीं
हिफ़ाज़तों के पुल की डार[6] पे उसे चढ़ा दिया...

1. समूह, 2. सेना, 3. विश्वसनीय, 4. गुज़रे समय के पदाधिकारी, 5. सुरक्षाकर्मियों, 6. फाँसी।

इससे क़ब्ल के...

इससे क़ब्ल[1] के साज़-ए-हयात[2] की लय मद्धम हो
इससे क़ब्ल के हुस्न-ए-समाअत लज़्ज़त-ए-हर्फ़ से बेगाना हो
गोयाई का नग़मा, दिलकश मद्धम हो, फिर अफ़साना हो
मुझको तुमसे कुछ कहना है
जो पल तुमसे माँग लिया था
लम्हा भर जो साथ रहा है
हासिल-ए-ज़ीस्त[3] वही एक पल है
अरसा-ए-उम्र[4] वही लम्हा है...

---

1. पहले, 2. जीवनरूपी साज़, 3. ज़िन्दगी का हासिल, 4. वास्तविक जीवन।

वापसी

वही तहज़ीब[1] से भरपूर दुकानें
वही तारीख़[2] से आरास्ता[3] गलियाँ
वही अश्जार[4] कोनों में
कहीं पे सर झुकाए और कहीं पर हाथ फैलाए
उसी मसरूफ़ियत के जलते बुझते क़ुमक़ुमों[5] के दरमियाँ
एक शहर बसता है
जहाँ हम रह चुके हैं
मैं घबराई हुई थी
तुम अपने ज़ेहन की आसूदगी[6] से मुतमईन[7] थे
ख़ुद अपनी ज़ात की सोहबत में गुम थे
मैं उकताई हुई थी
बहुत-सी अनकही पाबन्दियों की बेड़ियाँ पहने
मैं तनहाई का जंगल काटती थी
यका-यक शहर मुझपे गिर पड़ा
कि जैसे ताश के घर एक पत्ते के सरकने से बिखर जायें
मैं अपने आप को लेकर वहाँ से भाग आयी थी
बहुत दिन बाद मैं उसी शहर में वापस गयी हूँ
उन्हीं गलियों में अक्सर घूमती हूँ
उन्हीं बाग़ों में जाकर बैठती हूँ
तुम्हारी आदतें अब मेरी फ़ितरत बनती जाती हैं

मैं अपने ज़ेहन की आसूदगी से मुतमईन हूँ
ख़ुद अपनी ज़ात की सोहबत में गुम हूँ
मराहिल[8] साथ चलने के बहुत दुश्वार होते हैं
जुदाई के सभी रस्ते बहुत हमवार[9] होते हैं

---

1. सभ्यता, 2. इतिहास, 3. सुसज्जित, 4. वृक्ष, 5. बल्बों, 6. समृद्धि, 7. सन्तुष्ट, 8. पड़ाव, 9. आसान।

ज़रा-सा फ़र्क़ है

(अलीज़े के नाम)

मैं वापस लौटी हूँ
चली थी जब तो सब कुछ साथ था
लगता था सारी रह-गुज़र[1] मेरा ही रास्ता है
दो रव्व्या फूल मेरा अक्स हैं
हवा में मेरी ठण्डक है
फ़िज़ा में मेरी ख़ुशबू है
ये नीला-नीला सारा आसमाँ मेरा छप्पर-खट है
ज़मीन से उगने वाली नर्म हरियाली मेरे पैरों की मेहँदी है
हज़ारों मील तक फैले हुए कोह-ए-गिराँ[2] सब
मेरे अबरू[3] की जुंबिश देखते हैं
मैं वापस लौटती हूँ
निगाहें मुतमईन हैं
रूह तक सरशार[4] है और जिस्म आलूदा
मेरे पैरों तले कोई नशेब-ए-उम्र-ए-रफ़्ता[5] ही नहीं आया
जहाँ से देखना मुश्किल हुआ हो...
मेरी आसूदगी मुझको उस ऊँचाई पे ले आयी
जहाँ चिनगारियाँ पीछा नहीं करतीं
मेरे छोड़े हुए इस रास्ते पर
कोई मेरी तरह से चल रही है

मगर मुझमें और उसमें एक ज़रा फ़र्क़ है
और कैसा अच्छा फ़र्क़ है
मेरे क़दमों तले एक इरताश-ए-बेयक़ीनी[6] था
वो अपना रास्ता पहचानती है

1. राह, 2. पर्वत, 3. भौंह, 4. मदमस्त, 5. गुज़री उम्र का कोई उतार-चढ़ाव, 6. संशयजनित कम्पन।

ये मसनूई मौसम

ये मसनूई[1] मौसम शब-ओ-रोज़[2] मुझ पे गुज़रते रहेंगे
गुज़रते रहेंगे
मशीनों से दर आने वाली
ये गर्मी ये सर्दी
मुझे ज़िन्दा रक्खे है
हज़ार सिरों पे लटकते हुए बेशक़ीमती घरौंदे
यहाँ साँस लेने की क़ीमत बहुत है
यहाँ साँस लेने की क़ीमत बहुत है
क़ुर्ब[3] की गर्मियाँ

मरहम लफ़्ज़ की कोई ठण्डक
मुश्क-ए-लब[4] से महकता हुआ कोई लम्हा
कैसे नायाब हैं
अब सभी ख़्वाब हैं

---

1. बनावटी, 2. अस्वाभाविक, 3. दिन–रात, 3. नज़दीकी, 4. होंठो की महक।

समन्दर इसी जगह पर था

समन्दर इसी जगह पर था
ग़ुस्सैला, तंदख़ू, सर पत्थरों से मारता
गरजता, दौड़ता, चिंघाड़ता, ताक़त पे इतराता
समन्दर इसी जगह पर था
यहाँ के आसमान का काम सुख़न माहताब[1]
उसके साथ चलता था
समन्दर अपनी बाँहों में उसे लेने की ख़ातिर
किस तरह बेताब रहता था
मगर अब कुछ नहीं बाक़ी
निशाँ से रह गये ख़ाली
ख़मीदा[2] जिस्म चट्टानें
ज़बानें प्यास सी बाहर
लिबास-ए-आब[3] के कुछ मलग़ज़ी[4] टुकड़े
किसी वीरान साहिल पर
मगर वो दोस्त अब तक बावफ़ा है
वो अपना अक्स अब भी मलग़ज़ी टुकड़ों पे रख कर
देख लेता है

---

1. चाँद से बातें करना, 2. झुका हुआ, 3. पानी के आवरण, 4. फटे-पुराने।

थकान

कहाँ की थकान है!
ये कैसी थकान है!
दबे पाँव शहर-ए-बदन[1] में ये उतरी
रगों में लहू की तरह बह रही है

उँगलियाँ बार-ए-नाख़ूनों[2] से बेज़ार[3] हैं
मेरी आँखों पे पलकें गिराँ बार[4] हैं
साँस सीने में मसरूफ़-ए-आज़ार[5] है
मेरे शानो[6] पे रक्खा हुआ बाँझ सर
बार-ए-बेकार[7] है
ये थकन कुर्बतों की निहायत नहीं
जिसमें आसूदगी[8] की महक हो
ये थकान रास्तों की मुसाफ़त नहीं
रू-ए-मंज़िल[9] की जिसमें झलक हो

ये थकान सोच की भी अलामत[10] नहीं
जिससे औरों को कोई बशारत[11] मिले
ये थकान उमर भर की अलामत नहीं
जिससे औरों को जीने की हिम्मत मिले

ये थकान मेरे अन्दर की अपनी थकान
मेरी कोख में पलने वाली थकान
रगों में लहू की तरह बह रही है
कहाँ की थकान है? ये कैसी थकान है?

---

1. शरीररूपी नगर, 2. नाख़ूनों का बोझ, 3. विमुख, 4. भारी बोझ, 5. बीमारी की तरह, 6. काँधों, 7. व्यर्थ का भार, 8. सन्तोष, 9. मंज़िल का चेहरा, 10. प्रतीक, 11. सद्बुद्धि।

एक कहानी बहुत पुरानी

बारिश लाने वाला देवता
इन्द्र
एक बस्ती से ख़फ़ा था
उस बस्ती के रहने वाले
एक एक करके मरते जाते
प्यासे चटखे मैदानों में
उनके पिंजर सूखते जाते

इन्द्र ने एक दिन ये सोचा
उस बस्ती में घूमने जायें
अपनी ख़फ़गी[1] की ताक़त का
जाकर अन्दाज़ा तो लगायें
इन्द्र उस बस्ती में आया
देख के उस बस्ती की हालत
अपनी कुव्वत[2] पर इतराया
जाते-जाते उसने देखा
एक जोहड़ गँदला-गँदला सा
जिसके पास एक भूरी चिड़िया
बैठी हुई थी
ढूँढ़ ढूँढ़ कर एक एक क़तरा[3]
अपनी चोंच में भर लेती थी

सूखे खेत पे डाल आती थी
हाँफ रही थी
काँप रही थी
लेकिन काम किये जाती थी

इन्द्र ने चिड़िया को देखा
ख़ूब हँसा और उससे बोला
"मूर्ख! तेरी इस मेहनत से
सूखा खेत हरा नहीं होगा
तेरी इस एक बूँद से, पागल!
कोई दुःख अच्छा नहीं होगा"

चिड़िया भी इन्द्र देवता पर
ख़ूब हँसी और हँस कर बोली
तू ताक़त के ज़ोर में अपने
सारे फ़र्ज़ भूल गया है
और मैं क़हत[4] की धूप में अब तक
अपना फ़र्ज़ नहीं भूली हूँ
मैं मटियाली रंगत वाली
बेबस चिड़िया
अपने काम किये जाती हूँ
अपना काम किये जाऊँगी
ताकि तुझको ग़ैरत आये

---

1. नाराज़गी, 2. ताक़त, 3. जल–कण, 4. अकाल।

जोगी

सुनते हो जी!
अपने गाँव में कोई जोगी आये हैं
ज्ञानी ध्यानी बहुत बड़े हैं, सबके मन को भाये हैं
हम भी चलें, दो कलियाँ तोड़े और दहलीज़ पे रख आयें
तुम भी शाम को जल्दी आना, मैं भी काम समेटूँगी
तुम दर्शन कर लेना और मैं पीपल के ओट से देखूँगी
जोगी दरवाज़े पे आया और दहलीज़ पे रुक सा गया
दो कलियाँ हाथों में लीं, उन्हें चूमा और फिर
खो सा गया
जोगी मठ में सोच रहा था
"दो कलियाँ देने वाला भगवान अभी तक ज़िन्दा है
उसकी शक्ल भला कैसी थी, मैं तो ये भी भूल गया था"

मुझे फ़ुर्सत ही फ़ुर्सत है

मुझे फ़ुर्सत ही फ़ुर्सत है
सवेरे जल्द उठना है
न शब देर से सोना
कहीं बाहर नहीं जाना
किसी से भी नहीं मिलना
न कोई फ़िक्र लहक़ है
न कोई याद बाक़ी है

मगर ये आख़िरी मिस्रा[1]
ज़रा सा झूठ लगता है

---

1. काव्य-पंक्ति।

स्टॉप

ठहरो कह कर जैसे किसी ने वक़्त का दरिया रोक दिया है
एक तिलिस्मी हर्फ़[1] कि जिसकी ताक़त का अब इल्म[2] हुआ है
अपनी अपनी सिम्त[3] में बहता हर हर लम्हा ठहर गया है
सारे दोस्त और सारे दुश्मन पत्थर बनकर
देख रहे हैं
कैसी अनहोनी लगती है?
हालाँकि ये शहर-ए-ख़राबी जिस दिन से तामीर हुआ है
उस दिन से इस बात का डर था

---

1. जादूई शब्द, 2. ज्ञान, 3. दिशा।

हव्वा की कहानी

तुम्हें सेब कहने की तरग़ीब[1] मैंने नहीं दी
वो गेहूँ का दाना मेरी दस्तरस[2] में नहीं था
मेरी साँप से दोस्ती भी नहीं थी

अगर दोस्ती थी किसी से, वो तुम थे
अगर कोई अच्छा लगा था, वो तुम थे

---

1. प्रेरणा, 2. पहुँच।

हज़ारों अबु जहल

हज़ारों अबु जहल
राह-ए-फ़िरासत[1] पे
दानिश[2] के सन्दूक़
सर पे उठाये
चले आ रहे हैं
रह-गुज़रों[3] में सहमे हुए लोग
उनके फ़तवों पे ईमान लाते हुए
उनके क़दमों में बिछते चले जा रहे हैं

हर अबु जहल के हाथ में
आतशीं[4] वो ऐसा है
जिसकी आवाज़ दहशत है
कर्ब-ओ-बला है
मेरे महबूब तेरा ये इरशाद है
अब पयम्बर नहीं आयेंगे
फिर बता
उनको रोकेगा कौन?
आतशीं उनके हथियार अब उनसे छीनेगा कौन?

---

1. औचित्य का मार्ग, 2. समझदारी, 3. रास्तों, 4. अग्निपुंज।

पुराना शजर

रात तूफ़ाँ में एक शजर[1] गिर पड़ा
वो पुराना शजर एक मुद्दत से पत्तों से महरूम[2] था
उसकी बेचैन रूह शाख़ों से तंग आके
सारे परिन्दे हवा हो चुके थे
उसके बे-रंग चेहरे से उकता के
सारे ही मौसम सदा हो चुके थे
फिर भी कल रात जब वो गिरा
शाख़सारों[3] पर बैठे हुए
आशियानों[4] में सोये हुए
और हवाओं में उड़ते हुए
उसके सारे परिन्दों के दिल थम गये
रंग फ़क़ हो गये
सीने शक़ हो गये
उन परिन्दों की हैरान आँखों ने देखा
उस पुराने शजर की तो सारी जड़ें उनके सीनों
से निकली हुई हैं

---

1. वृक्ष, 2. वंचित, 3. शाखाओं, 4. घोंसलों।

ख़ाली बोतल

एक लड़की से मैंने पूछा
ख़ुशबू की यह ख़ाली बोतल
इतने सँभाल के
क्यों रखी है
हँस के बोली

"ज़ोहरा आपा...
कुछ दिन पहले
एक बड़ा जिन
इस बोतल में क़ैद रहा था..."

"अब वो कहाँ है?"

"अब वो महलों का क़ैदी है
बेचारे की क़िस्मत देखो
उसके महल भी शीशे के हैं"

रिश्ते

ये रिश्ते
अज़ल[1] से अबद[2] तक के रिश्ते
ख़्वाहिशों की दुनिया जिनकी बुनियाद थी
जिनसे दुनिया-ए-दिल बारगाह-ए-नज़र कैसी आबाद थी

ये साँसों की तरह
रग-ए-जाँ से पैवस्त[3] रिश्ते
अज़ल से अबद[4] तक के रिश्ते

जब ये टूटे
समन्दर भी साकित[4] रहा

पहाड़ अपनी वज़ा पे क़ायम रहे
ज़मीनें भी सोती रहीं
कुछ हुआ ही नहीं

इनका अंजाम ऐसे हुआ जैसे आग़ाज़ था ही नहीं

---

1. आदिकाल, 2. अनादिकाल, 3. संलग्न, 4. मौन।

ग़ज़लें

क़ुर्बतों से कब तलक अपने को बहलाएँगे हम

कुर्बतों[1] से कब तलक अपने को बहलाएँगे हम
डोरियाँ मज़बूत होंगी छूटते जायेंगे हम

तेरा रुख़ साये की जानिब[2] मेरी आँखें सू-ए-महर[3]
देखना है किस जगह किस वक़्त मिल पायेंगे हम

घर के सारे फूल हंगामों की रौनक़ हो गये
ख़ाली गुल-दानों से बातें करके सो जायेंगे हम

अध-खुली तकिए पे होगी इल्म-ओ-हिकमत[4] की किताब
वसवसों[5] वहमों के तूफ़ानों में घिर जायेंगे हम

उसने आहिस्ता से 'ज़ेहरा' कह दिया दिल खिल उठा
आज से इस नाम की ख़ुशबू में बस जायेंगे हम

---

1. नज़दीकियों, 2. तरफ़, 3. सूरज की तरफ़, 4. ज्ञान व समझदारी, 5. संशयों।

रात गहरी थी फिर भी सवेरा सा था

रात गहरी थी फिर भी सवेरा सा था
एक चेहरा कि आँखों में ठहरा सा था

बेचराग़ी[1] से तेरी मिरे शहर-ए-दिल[2]
वादी-ए-शेर[3] में कुछ उजाला सा था

मेरे चेहरे का सूरज उसे याद है
भूलता है पलक पर सितारा सा था

बात कीजे तो खुलते थे जौहर बहुत
देखने में तो वो शख़्स सादा सा था

सुल्ह जिससे रही मेरी ता-ज़िन्दगी
उसका सारे ज़माने से झगड़ा सा था

---

1. अन्धकार, 2. हृदयरूपी नगर, 3. शायरी।

ये उदासी ये फैलते साये

ये उदासी ये फैलते साये
हम तुझे याद कर के पछताये

मिल गया था सुकूँ[1] निगाहों को
की तमन्ना तो अश्क[2] भर आये

गुल ही उकता गये हैं गुलशन से
बाग़बाँ[3] से कहो न घबराये

हम जो पहुँचे तो रहगुज़र[4] ही न थी
तुम जो आये तो मंज़िलें लाये

जो ज़माने का साथ दे न सके
वो तिरे आस्ताँ[5] से लौट आये

बस वही थे मता-ए-दीदा-ओ-दिल[6]
जितने आँसू मिज़ा[7] तलक आये

---

1. चैन, 2. आँसू, 3. माली, 4. डगर, 5. द्वार, 6. दिल की व आँखों की पूँजी, 7. पलकों।

ये क्या सितम है कोई रंग-ओ-बू न पहचाने

ये क्या सितम है कोई रंग-ओ-बू[1] न पहचाने
बहार में भी रहे बन्द तेरे मय-ख़ाने

फ़ना के ज़मज़मे[2] रंज-ओ-मेहन[3] के अफ़्साने[4]
यही मिले हैं नयी ज़िन्दगी को नज़राने

तिरी निगाह की जुम्बिश[5] में अब भी शामिल हैं
मिरी हयात[6] के कुछ मुख़्तसर[7] से अफ़्साने

जो सुन सको तो ये सब दास्ताँ तुम्हारी है
हज़ार बार जताया मगर नहीं माने

जो कर गये हैं जुदा एक एक से हम को
दयार-ए-ग़र्ब[8] से आये थे चंद बेगाने

1. ख़ुशबू व रंगत, 2. गीत, 3. दुख-दर्द, 4. कहानियाँ, 5. कँपकँपी, 6. ज़िन्दगी, 7. संक्षिप्त, 8. पश्चिमी क्षेत्र।

रिश्ते से मुहाफ़िज़ का ख़तरा जो निकल जाता

रिश्ते से मुहाफ़िज़[1] का ख़तरा जो निकल जाता
मंज़िल पे भी आ जाते नक़्शा भी बदल जाता

इस झूट की दलदल से बाहर भी निकल आते
दुनिया में भी सर उठता और घर भी सँभल जाता

हँसते हुए बूढ़ों को क़िस्से कई याद आते
रोते हुए बच्चों का रोना भी बहल जाता

क्यूँ अपने पहाड़ों के सीनों को जलाते हम
ख़तरा तो मोहब्बत के इक फूल से टल जाता

इस शहर को रास आयी हम जैसों की गुम-नामी
हम नाम बताते तो ये शहर भी जल जाता

वो साथ न देता तो वो दाद न देता तो
ये लिखने-लिखाने का जो भी है ख़लल जाता

---

1. सुरक्षाकर्मी, रक्षक।

देर तक रौशनी रही कल रात

देर तक रौशनी रही कल रात
मैंने ओढ़ी थी चाँदनी कल रात

एक मुद्दत के बाद धुन्ध छटी
दिल ने अपनी कही सुनी कल रात

उँगलियाँ आसमान छूती थीं
हाँ मिरी दस्तरस[1] में थी कल रात

उठता जाता था पर्दा-ए-निस्याँ[2]
एक इक बात याद थी कल रात

ताक़-ए-दिल पे थी घुँघरुओं की सदा
इक झड़ी सी लगी रही कल रात

जुगनुओं के से लम्हे उड़ते थे
मेरी मुट्ठी में आ गयी कल रात

---

1. पहुँच, 2. विस्मृति का पर्दा।

अपना हर अन्दाज़ आँखों को तर-ओ-ताज़ा लगा

अपना हर अन्दाज़ आँखों को तर-ओ-ताज़ा लगा
कितने दिन के बाद मुझको आईना अच्छा लगा

सारा आराइश[1] का सामाँ मेज़ पर सोता रहा
और चेहरा जगमगाता जागता हँसता लगा

मल्गजे[2] कपड़ों पे उस दिन किस ग़ज़ब की आब थी
सारे दिन का काम उस दिन किस क़दर हल्का लगा

चाल पर फिर से नुमायाँ[3] था दिल-आवेज़ी का ज़ोम[4]
जिसको वापस आते आते किस क़दर अर्सा लगा

मैं तो अपने आप को उस दिन बहुत अच्छी लगी
वो जो थक कर देर से आया उसे कैसा लगा

---

1. श्रृंगार, 2. बिना इस्त्री किये, 3. प्रकट, 4. ख़ूबसूरती का दम्भ।

बैठे बैठे कैसा दिल घबरा जाता है

बैठे बैठे कैसा दिल घबरा जाता है
जाने वालों का जाना याद आ जाता है

बात-चीत में जिसकी रवानी मसल[1] हुई
एक नाम लेते में कुछ रुक सा जाता है

हँसती-बस्ती राहों का ख़ुश-बाश[2] मुसाफ़िर
रोज़ी की भट्टी का ईंधन बन जाता है

दफ़्तर मंसब[3] दोनों ज़ेहन को खा लेते हैं
घर वालों की क़िस्मत में तन रह जाता है

अब इस घर की आबादी मेहमानों पर है
कोई आ जाये तो वक़्त गुज़र जाता है

---

1. मिसाल, 2. ख़ुशमिज़ाज, 3. पद।

छलक रही है मय-ए-नाब तिश्नगी के लिए

छलक रही है मय-ए-नाब[1] तिश्नगी[2] के लिए
सँवर रही है तिरी बज़्म बरहमी[3] के लिए

नहीं नहीं हमें अब तेरी जुस्तुजू[4] भी नहीं
तुझे भी भूल गये हम तिरी ख़ुशी के लिए

जो तीरगी[5] में हुवैदा[6] हो क़ल्ब-ए-इंसाँ[7] से
ज़िया-नवाज़[8] वो शोला है तीरगी के लिए

कहाँ के इश्क़-ओ-मोहब्बत किधर के हिज्र ओ विसाल[9]
अभी तो लोग तरसते हैं ज़िन्दगी के लिए

जहान-ए-नौ[10] का तसव्वुर हयात-ए-नौ[11] का ख़याल
बड़े फ़रेब दिये तुम ने बन्दगी के लिए

मय-ए-हयात[12] में शामिल है तल्ख़ी-ए-दौराँ[13]
जभी तो पी के तरसते हैं बे-ख़ुदी के लिए

---

1. बेहतरीन शराब, 2. प्यास, 3. बिखराव , 4. खोज , 5. अन्धकार , 6. प्रकट, 7. मानव-हृदय , 8. प्रकाशपुंज, 9. मिलन व विरह, 10. नयी दुनिया, 11. नया जीवन, 12. जीवनरूपी मदिरा, 13. सांसारिक कड़वाहट।

रौनक़ें अब भी किवाड़ों में छुपी लगती हैं

रौनक़ें अब भी किवाड़ों में छुपी लगती हैं
महफ़िलें अब भी उसी तरह सजी लगती हैं

रौशनी अब भी दराज़ों से उमड़ आती है
खिड़कियाँ अब भी सदाओं से खुली लगती हैं

साअतें[1] जो तिरी क़ुर्बत[2] में गिराँ[3] गुज़री थीं
दूर से देखूँ तो अब वो भी भली लगती हैं

अब भी कुछ लोग सुनाते हैं सुनाये हुए शेर
बातें अब भी तिरी ज़ेहनों में बसी लगती हैं

---

1. घड़ियाँ, 2. नज़दीकी, 3. बोझ, भारी।

इस उम्मीद पे रोज़ चराग़ जलाते हैं

इस उम्मीद पे रोज चराग़ जलाते हैं
आने वाले बरसों बाद भी आते हैं

हमने जिस रस्ते पर उसको छोड़ा है
फूल अभी तक उस पर खिलते जाते हैं

दिन में किरनें आँख-मिचौली खेलती हैं
रात गये कुछ जुगनू मिलने जाते हैं

देखते देखते इक घर के रहने वाले
अपने अपने ख़ानों में बँट जाते हैं

देखो तो लगता है जैसे देखा था
सोचो तो फिर नाम नहीं याद आते हैं

कैसी अच्छी बात है 'ज़ेहरा' तेरा नाम
बच्चे अपने बच्चों को बतलाते हैं

बरसों हुए तुम कहीं नहीं हो

बरसों हुए तुम कहीं नहीं हो
आज ऐसा लगा यहीं कहीं हो

महसूस हुआ कि बात की है
और बात भी वो जो दिल-नशीं हो

इम्कान[1] हुआ कि वहम था सब
इज़हार हुआ कि तुम यक़ीं हो

अन्दाज़ा हुआ कि रह[2] वही है
उम्मीद बढ़ी कि तुम वहीं हो

अब तक मिरे नाम से है निस्बत[3]
अब तक मिरे शहर के मकीं[4] हो

---

1. भ्रम, 2. राह, 3. सम्बन्ध, 4. निवासी।

क्यूँ ऐ ग़म-ए-फ़िराक़ ये क्या बात हो गयी

क्यूँ ऐ ग़म-ए-फ़िराक़[1] ये क्या बात हो गयी
हम इन्तिज़ार-ए-सुब्ह[2] में थे रात हो गयी

बहके हुए भटकते हुए कारवाँ की ख़ैर
रहबर[3] से राहज़न[4] की मुलाक़ात हो गयी

दीवानगी की ख़ैर न माँगें तो क्या करें
दीवानगी ही राज़-ए-इनायात[5] हो गयी

सीनों में सोज़-ओ-साज़-ए-मोहब्बत[6] नहीं रहा
दुनिया रहीन-ए-गर्दिश-ए-हालात[7] हो गयी

लो डूबतों ने देख लिया नाख़ुदा को आज
तक़रीब[8] कुछ तो बहर-ए-मुलाक़ात[9] हो गयी

---

1. विरह के दुख, 2. सुबह की प्रतीक्षा, 3. लीडर, अगुआ, 4. डाकू, 5. मेहरबानियों का रहस्य, 6. प्रेम भाव की गर्मी व अहसास, 7. बुरे हालात की धरोहर, 8. भूमिका, 9. मुलाक़ात के लिए।

एक तेरा ग़म जिसको राह-ए-मो'तबर जानें

एक तेरा ग़म जिसको राह-ए-मो'तबर[1] जानें
इस सफ़र में हम किसको अपना हम-सफ़र जानें

जिससे कुछ न कह पायें जान-ए-ग़ुफ़्तुगू[2] ठहरे
जिससे कम मिलें उसको सबसे बेशतर[3] जानें

अपना अक्स[4] भी अक्सर साथ छोड़ जाता है
ये मआल-ए-ख़ुद-बीनी[5] काश शीशागर जानें

तार-तार कर डालें सब्र-ओ-ज़ब्त[6] का दामन
ज़ख़्म ज़ख़्म दिखला दें ज़र्फ़-ए-चारा-गर[7] जानें

---

1. विश्वसनीय मार्ग, 2. बातचीत में निपुण, 3. ज़्यादा, 4. बिम्ब, 5. अपने आपको देखने का काम, 6. सहनशीलता, 7. चिकित्सक की उदारता।

नक़्श की तरह उभरना भी तुम्ही से सीखा

नक़्श की तरह उभरना भी तुम्ही से सीखा
रफ़्ता रफ़्ता नज़र आना भी तुम्ही से सीखा

तुमसे हासिल हुआ इक गहरे समुन्दर का सुकूत[1]
और हर मौज से लड़ना भी तुम्ही से सीखा

अच्छे शेरों की परख तुमने ही सिखलाई मुझे
अपने अन्दाज़ से कहना भी तुम्ही से सीखा

तुमने समझाये मिरी सोच को आदाब-ए-अदब[2]
लफ़्ज़ ओ मअनी से उलझना भी तुम्ही से सीखा

रिश्ता-ए-नाज़ को जाना भी तो तुमसे जाना
जामा-ए-फ़ख़्र[3] पहनना भी तुम्ही से सीखा

छोटी सी बात पे ख़ुश होना मुझे आता था
पर बड़ी बात पे चुप रहना तुम्ही से सीखा

---

1. मौन, 2. साहित्य की बारीकियाँ, 3. गर्व का लिबास।

हम लोग जो ख़ाक छानते हैं

हम लोग जो ख़ाक छानते हैं
मिट्टी से गुहर[1] निकालते हैं

है शोला-ए-दीं[2] कि शम्-ए-कुफ़्र[3]
परवाने कहाँ ये जानते हैं

इस गुम्बद-ए-बे-सदा[4] में हम लोग
अल्फ़ाज़ के बुत[5] तराशते हैं

ऐ साया-ए-अब्र[6] अब तो रुक जा
इक उम्र से धूप काटते हैं

---

1. मोती, 2. धर्म का शोला, 3. पाप की शमा, 4. आवाज़ न लौटाने वाला गुम्बद, 5. मूर्तियाँ, 6. बादलों के साये।

भूली-बिसरी यादों को लिपटाये हुए हूँ

भूली-बिसरी यादों को लिपटाये हुए हूँ
टूटा जाल समुन्दर पर फैलाये हुए हूँ

वहशत करने से भी दिल बेज़ार[1] हुआ है
दश्त[2] ओ समुन्दर आँचल में सिमटाये हुए हूँ

वो ख़ुशबू बन कर आये तो बे-शक आये
मैं भी दस्त-ए-सबा[3] से हाथ मिलाये हुए हूँ

टूटे-फूटे लफ़्ज़ों के कुछ रंग घुले थे
उनकी मेहँदी आज तलक भी रचाये हुए हूँ

जिन बातों को सुनना तक बार-ए-ख़ातिर[4] था
आज उन्हीं बातों से दिल बहलाये हुए हूँ

---

1. उदासीन, 2. जंगल, 3. शीतल पवन का हाथ, 4. एक तरह का बोझ।

जाँ देना बस एक ज़ियाँ का सौदा था

जाँ देना बस एक ज़ियाँ[1] का सौदा था
राह-ए-तलब[2] में किसको ये अन्दाज़ा था

आँखों में दीदार का काजल डाला था
आँचल पे उम्मीद का तारा टाँका था

हाथों की बाँकें छन छन छन हँसती थीं
पैरों की झाँझन को ग़ुस्सा आता था

हवा सखी थी मेरी, रुत हम-जोली थी
हम तीनों ने मिल कर क्या क्या सोचा था

हर कोने में अपने आप से बातें कीं
हर पहचल पर आईने में देखा था

शाम ढले आहट की किरनें फूटी थीं
सूरज डूब के मेरे घर में निकला था

---

1. नुक़सान, 2. प्रेम-मार्ग।

तिरा ख़याल फ़रोज़ाँ है देखिए क्या हो

तिरा ख़याल फ़रोज़ाँ[1] है देखिए क्या हो
ख़मोश गर्दिश-ए-दौराँ[2] है देखिए क्या हो

न जाने कितने सितारे ये कहते डूब गये
सहर[3] का रंग परेशाँ है देखिए क्या हो

कली उदास चमन सोगवार गुल ख़ामोश
ये इन्तिज़ार-ए-बहाराँ[4] है देखिए क्या हो

अजीब बात है इन तीरगी[5] की राहों में
नफ़स-नफ़स[6] में चरागाँ है देखिए क्या हो

भड़क रहा है अभी तक चराग़ आख़िर-ए-शब[7]
उसे भी सुब्ह का अरमाँ है देखिए क्या हो

1. रौशन, जाग्रत, 2. दुनियावी त्रासदी, 3. सुबह, 4. बहारों की प्रतीक्षा, 5. अन्धकार, 6. श्वास-श्वास, 7. रात के अन्त में।

बस्ती में कुछ लोग निराले अब भी हैं

बस्ती में कुछ लोग निराले अब भी हैं
देखो ख़ाली दामन वाले अब भी हैं

देखो वो भी हैं जो सब कह सकते थे
देखो उनके मुँह पर ताले अब भी हैं

देखो उन आँखों को जिन्होंने सब देखा
देखो उन पर ख़ौफ़ के जाले अब भी हैं

देखो अब भी जिंस-ए-वफ़ा[1] नायाब नहीं
अपनी जान पे खेलने वाले अब भी हैं

तारे माँद हुए पर ज़र्रे रौशन हैं
मिट्टी में आबाद उजाले अब भी हैं

1. मुहब्बत, वफ़ा नाम की वस्तु।

लब पर ख़मोशियों को सजाये नज़र चुराये

लब पर ख़मोशियों को सजाये नज़र चुराये
जो अहल-ए-दिल[1] में बैठे हैं चुप-चाप सर झुकाये

कह दो कोई सबा[2] से इधर आज-कल न आये
कलियाँ कहीं महक न उठें फूल खिल न जाये

अब दोस्ती वो फ़न कि जो सीखे वही निभाये
और है वफ़ा तमाशा जिसे आये वो दिखाये

कुछ कहना जुर्म है तो ख़ता-वार[3] मैं भी हूँ
ये और बात मेरा कहा वो समझ न पाये

1. दिल-वालों, 2. सुबह की शीतल हवा, 3. दोषी।

ये सच है यहाँ शोर ज़ियादा नहीं होता

ये सच है यहाँ शोर ज़ियादा नहीं होता
घर-बार के बाज़ार में पर क्या नहीं होता

जब्र-ए-दिल-ए-बे-मेहर[1] का चर्चा नहीं होता
तारीकी-ए-शब[2] में कोई चेहरा नहीं होता

हर जज़्बा-ए-मासूम[3] की लग जाती है बोली
कहने को ख़रीदार पराया नहीं होता

औरत के ख़ुदा दो हैं हक़ीक़ी[4] ओ मजाज़ी[5]
पर उसके लिए कोई भी अच्छा नहीं होता

शब-भर[5] का तिरा जागना अच्छा नहीं 'ज़ेहरा'
फिर दिन का कोई काम भी पूरा नहीं होता

---

1. निर्दयी हृदय की यातना, 2. रात के अँधेरे, 3. मासूम मनोभाव, 4. ईश्वरीय, 5. संसारी, 6. रात भर।

अब तक शरीक-ए-महफ़िल-ए-अग़्यार कौन है

अब तक शरीक-ए-महफ़िल-ए-अग़्यार कौन है
हम बेवफ़ा हुए तो ख़ता-वार[1] कौन है

याँ सब को मिल गये हैं सहारे ब-क़द्र-ए-शौक़[2]
तुम सोचते रहे कि तलबगार[3] कौन है

नज़रों ने किस की चाक किये पर्दा-हा-ए-रंग[4]
सँवला दिया है जिसने रुख़-ए-यार[5] कौन है

दामन हज़ार चाक गरेबाँ हज़ार वा
ये देखना है कितना गुनहगार कौन है

---

1. ग़ैरों की महफ़िल में शामिल, 2. दोषी, 3. इच्छुक, 4. रंगीन पर्दे, 5. प्रिय का मुखमण्डल।

दिल बुझने लगा आतिश-ए-रुख़्सार के होते

दिल बुझने लगा आतिश-ए-रुख़्सार[1] के होते
तन्हा नज़र आते हैं ग़म-ए-यार[2] के होते

क्यूँ बदले हुए हैं निगह-ए-नाज़ के अन्दाज़
अपनों पे भी उठ जाती है अग़्यार के होते

वीराँ है नज़र मेरी तिरे रुख़ के मुक़ाबिल
आवारा हैं ग़म कूचा-ए-दिलदार[3] के होते

इक ये भी अदा-ए-दिल-ए-आशुफ़्ता-सराँ[4] थी
बैठे न कहीं साया-ए-दीवार[5] के होते

जीना है तो जी लेंगे बहर-तौर दिवाने
किस बात का ग़म है रसन-ओ-दार[6] के होते

---

1. मुखमण्डल की ज्वाला, 2. प्रिय का ग़म, 3. प्रिय का मुहल्ला, 4. सरफिरे दीवानों की, 5. दीवार का साया, 6. सूली और फाँसी।

जुनून-ए-अव्वलीं शाइस्तगी थी

जुनून-ए-अव्वलीं[1] शाइस्तगी[2] थी
वही पहली मोहब्बत आख़िरी थी

जहाँ हम फिर से बसना चाहते थे
वो बस्ती हो के दुनिया हो चुकी थी

कुशादा[3] थे बहुत बाज़ू-ए-वहशत
ये ज़ंजीर-ए-ख़िरद[4] उलझी हुई थी

कभी हर लफ़्ज़ के सौ सौ मआनी
कभी पूरी कहानी अन-कही थी

सहर आग़ाज़-ए-शब इतमाम-ए-हुज्जत[5]
अजब 'ज़ेहरा' की वज़-ए-ज़िन्दगी थी

---

1. पहला-पहला जुनून, 2. सभ्य, शालीन, 3. खुले हुए, 4. दिमाग़ रूपी ज़ंजीर 5. लगातार वाद-विवाद।

वहशत में भी मिन्नत-कश-ए-सहरा नहीं होते

वहशत में भी मिन्नत-कश-ए-सहरा[1] नहीं होते
कुछ लोग बिखर कर भी तमाशा नहीं होते

जाँ देते हैं जाँ देने का सौदा नहीं करते
शर्मिन्दा-ए-एजाज़-ए-मसीहा[2] नहीं होते

हम ख़ाक थे पर जब उसे देखा तो बहुत रोए
सुनते थे कि सहराओं में दरिया नहीं होते

इक तार-ए-गरेबाँ[3] का रहे ध्यान कि सब लोग
महफ़िल में तो होते हैं शनासा[4] नहीं होते

1. सहरा के आगे नतमस्तक, 2. मसीहाओं के आगे लज्जित, 3. गिरेबान के चिथड़े, 4. परिचित।

ख़ुश जो आये थे पशेमान गये

ख़ुश जो आये थे पशेमान[1] गये
ऐ तग़ाफ़ुल[2] तुझे पहचान गये

ख़ूब है साहब-ए-महफ़िल[3] की अदा
कोई बोला तो बुरा मान गये

कोई धड़कन है न आँसू न ख़याल
वक़्त के साथ ये तूफ़ान गये

तेरी एक एक अदा पहचानी
अपनी एक एक ख़ता मान गये

उसको समझे कि न समझे लेकिन
गर्दिश-ए-दहर[4] तुझे जान गये

---

1. लज्जित, 2. उपेक्षा, बेरुख़ी 3. Host, 4. सांसारिक उलझाव।

वो जो इक शक्ल मिरे चार तरफ़ बिखरी थी

वो जो इक शक्ल मिरे चार तरफ़ बिखरी थी
मैंने जब ग़ौर से देखा तो मिरी अपनी थी

फिर असीरों[1] पे किसी ख़्वाब ने जादू डाला
रात कुछ हल्क़ा-ए-ज़ंजीर[2] में ख़ामोशी थी

यूँ तो आदाब-ए-मोहब्बत[3] में सभी जायज़ था
फिर भी चुप रहने में इक शान दिल-आवेज़ी थी

रात भर जागने वालों ने पस-ए-शम्अ-ए-ज़र्द[4]
सुब्ह इक ख़्वाब की सूरत की तरह देखी थी

शोरिश-ए-शेर[5] में ख़ामोश सी क्यूँ है 'ज़ेहरा'
अच्छा-ख़ासा तो कभी वो भी कहा करती थी

---

1. बन्दियों, 2. ज़ंजीरों का शोर, 3. प्रेम के नियम, 4. बुझती शमा की आड़ में, 5. शायरी के कोलाहल।

हर आन सितम ढाये है क्या जानिए क्या हो

हर आन सितम ढाये है क्या जानिए क्या हो
दिल ग़म से भी घबराये है क्या जानिए क्या हो

क्या ग़ैर को ढूँढ़ें कि तिरे कूचे में हर एक
अपना सा नज़र आये है क्या जानिए क्या हो

आँखों को नहीं रास किसी याद का आँसू
थम थम के ढलक जाये है क्या जानिए क्या हो

इस बहर[1] में हम जैसों पे हर मौजा-ए-पुर-ख़ूँ[2]
आ आ के गुज़र जाये है क्या जानिए क्या हो

दुनिया से निराले हैं तिरी बज़्म[3] के दस्तूर
जो आये सो पछताये है क्या जानिए क्या हो

---

1. समन्दर, 2. ख़ूनी लहर, 3. सभा।

एक के घर की ख़िदमत की...

एक के घर की ख़िदमत की और एक के दिल से मोहब्बत की
दोनों फ़र्ज़ निभा कर उसने सारी उम्र इबादत की

दस्त-ए-तलब[1] कुछ और बढ़ाते हफ़्त-इक़्लीम[2] भी मिल जाते
हमने तो कुछ टूटे-फूटे जुमलों ही पे क़नाअत[3] की

शोहरत के गहरे दरिया में डूबे तो फिर उभरे नहीं
जिन लोगों को अपना समझा जिन लोगों से मोहब्बत की

एक दोराहा ऐसा आया दोनों टूट के गिर जाते
बच्चों के हाथों ने सँभाला बूढ़ों ही ने हिफ़ाज़त की

जामा-ए-उल्फ़त बुनते आये रिश्तों के धागों से हम
उम्र की क़ैंची काट गयी अब काहे को इतनी मेहनत की

---

1. इच्छुक हाथ, 2. सात महाद्वीप, 3. सन्तुष्टि।

हमें तो आदत-ए-ज़ख़्म-ए-सफ़र है क्या कहिए

हमें तो आदत-ए-ज़ख़्म-ए-सफ़र[1] है क्या कहिए
यहाँ पे राह-ए-वफ़ा[2] मुख़्तसर[3] है क्या कहिए

जुदाइयाँ तो ये माना बड़ी क़यादत[4] हैं
रफ़ाक़तों[5] में भी दुख किस क़दर है क्या कहिए

हिकायत-ए-ग़म-ए-दुनिया[6] तवील[7] थी कह दी
हिकायत-ए-ग़म-ए-दिल मुख़्तसर है क्या कहिए

मजाल-ए-दीद[8] नहीं हसरत-ए-नज़ारा[9] सही
ये सिलसिला ही बहुत मो'तबर[10] है क्या कहिए

---

1. सफ़र के दुख झेलने की आदत, 2. प्रेम-मार्ग, 3. लघु, छोटी-सी, 4. पीड़ा, 5. नज़दीकियों, 6. दुनियावी दुखों की कथा, 7. लम्बी, 8. दर्शन करने का साहस, 9. मिलन की इच्छा, 10. विश्वसनीय।

कोई हंगामा सर-ए-बज़्म उठाया जाये

कोई हंगामा सर-ए-बज़्म[1] उठाया जाये
कुछ किया जाये चराग़ों को बुझाया जाये

भूलना ख़ुद को तो आसाँ है भुला बैठा हूँ
वो सितमगर जो न भूले से भुलाया जाये

जिसके बाइस[2] हैं ये चेहरे की लकीरें मग़्मूम[3]
ग़ैर-मुमकिन[4] है कि मंज़र वो दिखाया जाये

शाम ख़ामोश है और चाँद निकल आया है
क्यूँ न इक नक़्श ही पानी पे बनाया जाये

ज़ख़्म हँसते हैं तो ये फ़स्ल-ए-बहार[5] आती है
हाँ इसी बात पे फिर ज़ख़्म लगाया जाये

---

1. महफ़िल में सरेआम, 2. कारण, 3. दुखी, 4. असम्भव, 5. बहार का मौसम।

हर ख़ार इनायत था हर इक संग सिला था

हर ख़ार इनायत था हर इक संग[1] सिला था
इस राह में हर ज़ख़्म हमें राह-नुमा[2] था

क्यूँ घिर के अब आये हैं ये बादल ये घटाएँ
हमने तो तुझे देर हुई याद किया था

ऐ शीशागरो कुछ तो करो आईना-ख़ाना
रंगों से ख़फ़ा रुख़[3] से जुदा यूँ न हुआ था

इन आँखों से क्यूँ सुब्ह का सूरज है गुरेज़ाँ[4]
जिन आँखों ने रातों में सितारों को चुना था

1. पत्थर, 2. मार्गदर्शक, 3. चेहरा, 4. उदासीन।

रुक जा हुजूम-ए-गुल कि अभी हौसला नहीं

रुक जा हुजूम-ए-गुल[1] कि अभी हौसला नहीं
दिल से ख़याल-ए-तंगी-ए-दामाँ[2] गया नहीं

जो कुछ हैं संग-ओ-ख़िश्त[3] हैं या गर्द-ए-रह-गुज़र[4]
तुम तक जो आये उन का कोई नक़्श-ए-पा[5] नहीं

हर आस्ताँ पे लिक्खा है अब नाम-ए-शहर-यार[6]
वाबिस्तगान-ए-दिल[7] के लिए कोई जगह नहीं

सद-हैफ़[8] उसके हाथ है हर ज़ख़्म का रफ़ू
दामन में जिसके एक भी तार-ए-वफ़ा[9] नहीं

❐❐

1. फूलों का समूह, 2. दामन के छोटे होने का ख़याल, 3. पत्थर व ईंटें, 4. रास्तों की धूल, 5. चरण-चिन्ह, 6. राजा का नाम, 7. प्रेम करने वालों, 8. बहुत अफ़सोस, 9. वफ़ाओं का धागा।

रख़्शंदा जलील लेखक, अनुवादक, आलोचक और साहित्यिक इतिहासकार हैं। इनके अनेक अनुवाद संकलन, बौद्धिक आलेख व पुस्तकें प्रकाशित हुई हैं। इन्होंने 'प्रोग्रेसिव राइटर्स मूवमेंट एज़ रिफ़्लेक्टेड इन उर्दू' पर पीएच.डी. की है जिसे ऑक्सफ़ोर्ड यूनिवर्सिटी प्रेस ने प्रकाशित किया है।

स्त्रीवादी लेखिका डॉ. रशीद जहाँ की आत्मकथा, प्रेमचन्द, फणीश्वरनाथ 'रेणु', शहरयार, कृश्न चन्दर और इन्तिज़ार हुसैन की लघुकथाओं, शायरी और उपन्यासों का अनुवाद किया है। इनका निबन्ध संग्रह 'इनविज़िबल सिटी' जोकि दिल्ली के प्रसिद्ध स्मारकों पर आधारित है, पाठकों द्वारा पसन्द किया गया है।

आप 2002 से 'हिन्दुस्तानी आवाज़' संस्था चला रही हैं, जो हिन्दी-उर्दू साहित्य एवं संस्कृति को लोकप्रिय बनाने के लिए समर्पित है।